HOW WE THINK

我们如何思维

[美] 约翰·杜威 著 王文印 译

天地出版社 | TIANDI PRESS

图书在版编目（CIP）数据

我们如何思维/（美）约翰·杜威著；王文印译. —成都：天地出版社，2019.3
ISBN 978-7-5455-4353-7

Ⅰ.①我… Ⅱ.①约…②王… Ⅲ.①思维方法—研究 Ⅳ.①B80

中国版本图书馆CIP数据核字（2018）第260526号

我们如何思维
WOMEN RUHE SIWEI

出 品 人	杨 政
著 者	［美］约翰·杜威
译 者	王文印
责任编辑	杨永龙　欧阳秀娟
封面设计	今亮后声
内文排版	胡凤翼
责任印制	葛红梅
出版发行	天地出版社 （成都市槐树街2号　邮政编码：610014）
网　　址	http://www.tiandiph.com http://www.天地出版社.com
电子邮箱	tiandicbs@vip.163.com
经　　销	新华文轩出版传媒股份有限公司
印　　刷	天津画中画印刷有限公司
版　　次	2019年3月第1版
印　　次	2019年3月第1次印刷
成品尺寸	145mm×210mm　1/32
印　　张	8.5
字　　数	130千
定　　价	39.00元
书　　号	ISBN 978-7-5455-4353-7

版权所有◆违者必究

咨询电话：（028）87734639（总编室）
购书热线：（010）67693207（市场部）

本版图书凡印刷、装订错误，可及时向我社发行部调换

作者小传

新教育的拓荒者

约翰·杜威，1859年10月20日出生于佛蒙特州伯灵顿城一个经营杂货店的商人家庭。

1875年，他被佛蒙特大学录取；1879年毕业后，他先后在一所中学和另外一所乡村学校教书。在这期间，他阅读了大量的哲学著作，深受当时美国圣路易学派的刊物《思辨哲学杂志》的影响，并在该刊物上发表了《唯物主义的形而上学假定》等三篇哲学论文，从此决定以哲学为终生职业。1882年杜威成了约翰·霍普金斯大学的研究生，在此他听了皮尔士的逻辑讲座并深受影响。两年后他以一篇名为《康德的心理学》的论文获得哲学博士学位。

1884年，杜威进入密执安大学教授哲学；1888年，他被聘为明尼苏达大学哲学教授；一学年后，他又回到密执安大学任教，直至1894年。在此期间，他出版了他的头两部著作《心理学》（*Psychology*）（1887）和《人类悟性论》（*Leibniz's New Essays Concerning the Human Understanding*）（1888）。此时他的哲学观点大体上接近新黑格尔主义。他对心理学研究也很感兴趣,并将其融入哲学研究中。正是这种研究使他走上了实用主义道路。在实用主义领域,威廉·詹姆斯在当时已出版著作并享有盛誉;他的著作《心理学原理》对杜威产生了强烈的影响。杜威对心理学的研究又促使他进一步展开对教育学的研究。他主张应用心理学观点指导教学,并认为应当把教育实验当作实际生活中哲学运用的重要内容。1894年,他又被聘请到刚刚建立的芝加哥大学,并长期担任哲学系主任。在芝加哥大学任教的十年间,杜威的思想从早期的新黑格尔主义转向实用主义。他团结了一批志同道合的人士,成立了美国实用主义运动中一个最重要的派别,即芝加哥学派。这种思想的转变集中体现在他们共同创作的《逻辑理论研究》(*Studies in Logical Theory*)(1903)。在此论文集中,杜威称这本书是实用主义学派的"第一宣言"。他还在芝加哥大学创办了有名的实验学校,把尚不成熟的想法直接运用于教育实践。该学校抛弃了传统的教学方法,不注重书本而注重实践活动,不注重理论知识的传授而注重实际技能的训练。他后来一直倡导的"教育即生活""从做中学"等口号就是对这种教学法的概括。

1904年,由于与芝加哥大学管理者在实验学校管理问题上产生分歧,杜威辞去芝加哥大学的教职。这时他的哲学地位已经得到巩固,因此很快就受聘于哥伦比亚大学哲学系。杜威后来的哲学生涯都是在哥伦比亚大学度过的。

在哥伦比亚大学任教的前十年，杜威撰写了大量有关知识理论和形而上学的文章，并集中出版在两部著作中：《达尔文对哲学的影响及其他当代思想论文》(The Influence of Darwin on Philosophy and Other Essays in Contemporary Thought)(1910)与《实验逻辑文集》(Essay in Experimental Logic)(1916)。同时，他对教育理论的兴趣更为浓厚，并创作出版了两部重要著作，一部是《我们如何思维》(How We Think)(1910)，这本书体现的是其知识理论在教育方面的运用，另外一部是《民主与教育》(Democracy and Education)(1916)，该书也许是他在教学领域最重要的著作。

作为最重要的哲学家和教育理论家，杜威的声誉在哥伦比亚日益显赫；在公众心目当中，他还是一位重要的社会问题评论家。他经常为诸如《新共和》《民族》等大众杂志撰稿，并且不断参与争取妇女选举权和成立教师工会等各种政治活动。这种声名让他不断接到邀请，在学术和公众场合发表演讲。在此期间，他最重要的作品都源自这些演讲。这些著作有《哲学的重建》(Reconstruction in Philosophy)(1920)，《人性与行为》(Human Nature and Conduct)(1922)，《经验与自然》(Experience and Nature)(1925)，《公众及其问题》(The Public and its Problems)(1927)，《确定性的寻求》(The Quest for Certainty)(1929)。

杜威于1930年从教学岗位上退休，但作为公众人物，他的活动并未减少；在哲学论著方面也笔耕不辍，相继出版了《艺术即经验》(*Art as Experience*)(1934)，《一种共同信仰》(*A Common Faith*)(1934)，《逻辑：探索的理论》(*Logic:The Theory of Inquiry*)(1938)，《自由与文化》(*Freedom and Culture*)(1939)，《价值理论》(*Theory of Valuation*)(1939)，《认知与所知》[(*Knowing and the Known*)(1949)，与F.Bentley合著]。

杜威于1952年6月2日去世，享年92岁。

目 录

第一部分 思维训练的问题

第一章　思维的定义　　　　　　　　　　003
第二章　思维训练的必要性　　　　　　　018
第三章　思维训练所需的自然资源　　　　034
第四章　学校教学条件与思维训练　　　　052
第五章　思维训练的手段和目的：心理与逻辑　063

第二部分 逻辑的探讨

第六章　完整思维行为的分析　　　　　　079
第七章　系统推理：归纳和演绎　　　　　091
第八章　判断：对事实的解释　　　　　　115
第九章　意义：概念和理解　　　　　　　133
第十章　具象思维和抽象思维　　　　　　155
第十一章　经验思维和科学思维　　　　　165

第三部分 思维训练

第十二章　思维活动和思维训练　　　　　181
第十三章　语言与思维训练　　　　　　　197
第十四章　思维训练中的观察和信息　　　219
第十五章　复述和思维训练　　　　　　　234
第十六章　一般性结论　　　　　　　　　248

第一部分　思维训练的问题

第一章 思维的定义

一、形形色色的含义

人们口中最常提及的词汇就是"想",即"思想""思维"。其使用如此广泛,有时真难以明确它究竟是什么意思。本章撰写的目的是要探求"思维"一词的连贯的含义。让我们先看看"思维"一词最常见的几种用法,也许会有所助益。首先是一种广泛的甚至可以说是不严谨的用法:凡是脑子里想到的或者"一闪而过"的事物,都可以说是思维。想到某事,即可认为是在某种情况下意识到了此事。第二种定义是我们对于自己并未直接见到、听到、嗅到、接触到的事物的思维活动。第三种含义则更窄一点,指人们根据某种征象或某种证据而得出自己的信念。这种含义必须分为两类或者定为两个等级方可加以辨别。在某些情况下,人们并没有多想甚至完全没有去想根据何在,就接受了一种信念。在

> 由广义定义到狭义定义

> 灵光一现和白日梦

> 思维不只是一个序列，而应是连贯有序的

另一些情况下，人们则是用心搜寻证据，确信证据充足，才会接受某种信念。这一思维过程叫作反思性思维。只有这种思维才有教育意义，而这就是本书的主题。

下面，我们再简短地探讨一下"思维"的四种含义。

1. 从最不严格的含义来说，思维包括我们头脑里"存在过""一闪而过"的任何想法。一个不经意间的想法，并不能成就什么大事。即便将此时所想称为思维，也不会赋予它多大程度的尊重、逻辑性或真实性。任何随心的遐想、零碎的回忆或一掠而过的感触，均是如此。做白日梦，建空中楼阁，闲暇无事之际涌动于脑海的思维片段，均可视为漫无定规的思维。在我们一生当中，总会有很大一部分清醒时间——超过我们所愿意承认、哪怕只是自我默认的时间——是消磨在这样毫无意义的幻想和不切实际的期盼之中的。从这一意义上来说，傻瓜、白痴也有思维。有一个故事提到新英格兰有一个闻名遐迩的笨人也想竞选市镇公职，他对街坊邻居说："我听说你们觉得我没有足够的知识来担任公职。告诉你们吧，其实我总是在思考着这件事那件事呢。"反思性思维好像就只是这种随心所欲、毫不连贯的东想西想，但是它包含了一系列连续想到的事物，而并非偶然想到的、

无序的"这件事那件事"。反思性思维并不是简单的一串想法,而是一个结果,即连贯有序、因果分明、前后呼应的结果。反思性思维过程中的各个部分不是零碎的大杂烩,而是彼此依存、互相支撑,其每一个阶段都代表着由此及彼的一个步骤——从技术上来讲,每一个步骤就是思维的一个"项"。每一项都留给后一项可利用的存储空间。这一系列流动的"项"成了一系列、一串链条或者一条线索。

_{思维仅限于直接感官以外的事物}

2. 即使是从广义的角度看思维,思维通常也仅限于在直观上感受不到的事物,即人们无法见到、嗅到、听到或接触到的事物。如果我们问一个讲故事的人他是否亲眼看到了某个事件的发生,他可能回答说:"没有,这只是我想到的。"编出来的故事,不同于忠实的观察记录。此时最重要的是一系列想象的事件和情节,它们之间有一定的连贯性,并由一条持续的线索连接,穿梭于万花筒式的幻想桥段与故意设计以确立结局的逻辑之中。孩子们讲的故事,其内部连贯性高低不等,有的支离破碎,有的情节分明。当这些情节联结到一起时,就激发了反思性思维。这样的故事通常产生于富于逻辑思维的头脑之中。这种富有想象力的构思往往会成为严谨思考

但反思性思维意在获取信念

的前奏，并为后续的发展铺平道路。然而，它们并不是以获得知识和"获得关于事实或真理的信念"为目的。因此，尽管它们极像反思性思维，却仍与其有天壤之别。讲述这些故事的人称不上是所言之事确凿无疑，但确实构想出了井然有序的故事情节或顺理成章的高潮。他们只是编造出好的故事，而不是创造知识，除非偶然机遇造就了知识。这种思维只是感觉的绽放，目的是强化人们的心情或感受，其联结的纽带则是情感的连贯性。

<u>思维以两种方式归结出信念</u>

3. 就思维的下一种含义来说，思维所要指称的是立足于某种根据的信念，这种根据是某种知识，它或是真实的或是假设的，但都不为直接感观所感知。这种思维的特点是接受看来可信的事物或者拒绝看来不可信的事物。但这一阶段的思维，又包括两种截然不同的信念，尽管从严格意义上讲，它们的区别是程度上的而非类别上的，但是对它们分别给予考虑有着重要的实践意义。一些信念，是核对了这些信念的根据却未考虑信念本身被接受的；而另一些信念，却是经过核实根据之后才被接受的。

当我们说"人们曾经以为世界是平的"，或者说"我以为你曾从这房屋旁边走过"，这都是表达一种信念。

第一章 思维的定义

信念是人们持有的、确认的、默认的、经过了证实的见解。但是，这样的思维可能意味着未核实真实依据便接受了某种假设。信念的根据可能是充足的，也可能是不充足的。但是它们支撑信念的价值并未被考虑到。

未曾想过信念是否正确就接受下来，这样的思维是不自觉的。我们也不知道来龙去脉就接受了这些信念。它们来自某些朦胧不清的源头，通过我们也许不曾注意到的渠道，不知不觉地被我们接受，成为我们思想的一部分。形成这种见解的原因包括传统、教诲或模仿——它们来自某种权威，或是投我所好、遂我心愿。这种见解是先入之见，而不是先弄清它有无实在根据再经过恰当判断而形成的信念。

> 思维最佳的定义是对信念根据和结果的考虑

4. 形成信念的思维活动非常重要，因其可能会引发反思性思维，导致人们有意识地思考这一信念的性质、条件和意义。例如想象鲸鱼或骆驼腾云驾雾只是用幻想来愉悦身心，其最终目的是取乐，而并非创造某种信念。但相信世界是平的，是认为实在的事物具有实在的特性，不是对莫须有的东西进行随心所欲的想象，并借此来愉悦自己的心情。相信世界是平的，就会使人以相应的方式考虑其他一些相关的事物，例如天体和对跖点以及导航可行性问题。持有这一信念的人就会按照他对相关事物的认识，来安排他的行动。

> **反思性思维的定义**

一个基于其他信念和行为的信念所产生的一系列后果可能十分重要，因为这些结果会迫使人们认真考虑自己的信念有无根据或理由以及这些信念所产生的合乎逻辑的后果。这就意味着反思性思索，即更深层次、更有意义的思维形式。

人们曾经以为世界是平的，直到哥伦布发现地球其实是圆的。人们原先持有那种看法，是因为他们没有能力或者没有勇气挑战他们已经接受和学到的信念，更何况他们所感受到的事实似乎也证实了那一信念。而哥伦布的看法则是经过理智推论而得出的结论。它标志着对事实的研究，对证据的仔细审查和修正，对各种假设的含义的研究，和对这些理论结果与已知事实的比较。哥伦布并没有毫不犹豫地接受当时流行的传统理论，而是对之提出怀疑，加以探索，因此他才得出了他自己的见解。他对长期以来似乎已确凿无疑的信念抱怀疑态度，敢于相信那些似乎不可能的事情；他坚持思索，终于找出了证据来证明自己的信念和怀疑是有道理的。这样，即使最后他的结论被证明有误，那也与原先的传统信念截然不同，因为它是通过一种不同的方法得出的信念。对任何信念或假定存在的知识，均以积极的、执着的和谨慎的态度思考其所依据的根据是否成立；若根据成立，则考虑它可能进一步引发的结论，这就构成了反思性思维。前面所说的三种思维都有可能引出这种思维，但思考一旦开始，它就是一种自觉的和自愿的思维活动，是要在可靠推理的基础之上建立信念。

> 几种思维活动都有共同的因素

二、思维的核心因素

然而，上述的几种思维活动彼此之间并没有明确的区别。它们会在不知不觉之间彼此交错。倘若不是这样，养成正确思考的习惯就容易得多了。到目前为止，我们所讲的几种思维活动都是极端的例子，是为了清晰地呈现思维领域。现在让我们倒转思维过程，看看一种基础的、介于仔细核实证据和随意幻想之间的思维活动。一天，某人在街上散步。他刚刚观察后发现，天气温暖，天空晴朗。但是，当他一边走着一边想着另外一些事情时，天气变得阴凉了。他想着恐怕要下雨了，抬头一看，已见乌云蔽日，于是他赶紧加快了脚步。这当中，有没有能称之为思维的活动呢？走路不是，抬头看云也不是。散步是一种行为，查看和发现情况也是一种行为。但想到下雨的可能，是一个推测。这个人感到了阴凉，想到了看天上的云彩，推测快要下雨了。

再设想一下，在同一情况下，这个人抬头看云，觉得它像是一个人的形状，像人的脸。这两种情况下（信念和幻想）都涉及了一项注意到的或者感知到的事实，以及紧跟着的未观察到却在思维中得到反映的其他事物，都是一个人看到了一样东西，联想到并未看到的事情。正如我们所说，一个事物使我们想到了另一事物。这是一个共有的因素。但二者又显然有区别。看到云而想到脸，但并不会相信那真是一个人的脸，不会相信那是事实。因此，这只是随便的想象，而不是反思性思维。相反，见乌云而想到要下雨，这对于我们来说具有真实的可能性，这与观察到天气变凉具有同样真实的性质。换句话说，我们不认为云彩有什么意义或者会把它看作是一张脸，我们只是觉得它像一张脸；而我们确实认为天气转凉可能意味着要下雨。在第一个例子中，正如我们所说的，看到一个事物，我们想到了另一个事物；而在第二个例子中，我们想到了看到的事物和其指示的事物

> 共同因素就是想到并未观察到的事物

第一章　思维的定义

之间联系的可能性。看到的事物成了所指示事物的信念根据和基础，它构成了证据。

> 但思考还包括预示的关系

因此，想到一件事物预示或显示出另一件事物，从而考虑一件事物能在多大程度上被视为对另一事物的信念的根据，这一功能就是反思性思维或与众不同的思维活动的核心因素。想到"预示"或"显示"等词汇适用的情况，学生会更好地意识到反思性思维一词所指的事实。在这里和"预示"或"显示"的意思相同的动词还包括指明、指出、表示、表明、象征、暗示、提示等等。当说到由一个原则或原理联想到对另一个原则或原理的信念，还常用 imply（意味着）这个词。

因此，反思性思维意味着对某种事物建立信念（相信它或是不相信它），不是根据对这一事物的直接观察，而是通过其他的事物，将这些事物作为自己得出信念的依据、理由、凭证或证据，即将前述实物作为得出信念的根据。以下雨为例，有时我们是直接感受到下雨；有时则是由观察到地面和草坪湿润而推断出下过雨；有时是注意到气温变低和晴雨表读数变化而推断出将要下雨。再以观察某个人为例，有时，在缺乏证据的情况下，我们看到某个人（或是假设我们看到了某个人）；但有时

> 根据迹象进行反思性思维和判断

我们无法确定所看到的事物,只能搜索一些相关事实作为迹象、征兆、标记以供思考,并做出判断。

因此,本书所探讨的思维,是指这样一种思想活动,即由观察到的事物推断出另一事物,并根据该观察得到根据或者证明,用以得出信念。此时信念还不是百分之百有把握。说"我想是这样",意味着我还不是很确定事实如此。推断而来的信念也许在后来会得到证实,被证明正确无误,但在此刻它总还是带有一定的推测成分。

三、反思性思考过程中的要素

上面谈到的是思维活动比较外在的和明显的表现。进一步研究则反映了反思性思维过程中的一些次级过程。它们是:(1)困惑、犹豫、怀疑状态;(2)旨在揭露更多事实而进行的搜索或考察活动借以证实或者否定所得出的信念。

不确定性对于测试的重要性

1. 在我们上面说到的例子中,一个人在晴天出门,走到半路突然感到天气阴凉,于是产生了困惑和待定信念,至少当时是这样的。因为这出乎他意料之外,让他感到惊讶和突然,需要他解释、确认和评定。气温的突

第一章 思维的定义

然变化构成了一个问题,如果说这种说法有些牵强,但是如果我们将"问题"的定义扩展到任何使头脑感到困惑或者艰难的事物(不论该问题本质上严重不严重),以至于由此形成的信念变得不确定,此等突变总会涉及一些真实的问题或者难题。

2. 他抬头举目看天,就是为了识别认知事实,回答那突然的阴凉所带来的问题。这些事实最初展示的是困惑,他们指向的是乌云,所以抬头观看天上的乌云就是要证实假设解释是否正确。要说这就是调查研究,也许显得有点言过其实,但是,如果我们愿意总结思维活动所产生的概念,以包容所有琐碎的、普通的以及技术的、深奥的事物,便没有更好的理由拒绝对该观察行为冠以调查研究的名头。该探索的目的是为了确定或者否认假设的信念。我们感知到了新的事实,该事实或者证实了天气将要发生变化,或者否认这一猜测。

> 查明情况对于测试的重要性

这里再举一个日常生活中常见的事例,以加深认识。一个人走在他不熟悉的地方,一个岔道口,他拿不准该走哪条路,停下脚步,犹豫不决。怎么办呢?怎样解决这样的困惑呢?以下有两种选择:他可以随便走一条路,碰运气。他也可以思索一番,依据事实借以判明

> 找路:反思性思维之一例

哪一条路正确。任何企图通过思考解决问题的方法都涉及了对事实的调查，不论是通过记忆还是通过进一步观察，或者通过同时使用两种方法。这个困惑的旅人必须仔细观察面前的路况，仔细地回忆，寻找用以支持可选道路的证据，即可以排除其中一种假设的证据。他也许登高爬树向远方眺望，或是每条路都走一段试试，通过种种迹象和线索，判明前进方向。他要寻找自然界中的天然路标或者一张地图，而他的反思性思维便是旨在发现服务此等目的之事实而进行的。

> 多种可能而又不相容的思索

这个例子还可以抽象化、一般化。生活中有相当多的情形都可以称之为"岔道口"情景，即下一步如何前进情况不明，遇到了困境，需要做出选择。当我们的活动是一帆风顺直线前进时，或者当我们有闲情逸致可以海阔天空任意遐想时，都没有必要进行反思性思维。然而，当我们在达成一定信念的道路上遇到困难或障碍时，我们就会暂时停下来。在这捉摸不定之际，我们的思想就会像登高爬树一样，争取登上一个更高的立足点，环顾远眺，要看到更多的事实，并判断它们彼此之间的关联。

思想困惑时争取找到解决办法，这就是整个反思性思维过程中稳定的和起导向作用的因素。没有需要解决的问题或没有需要克服的困难，思维过程是随心任意的，这就是我们所描述的第一种思维。而如果思维的过程与情绪保持一致，并顺畅地融入一种情景或故事情节，那就属于第二种思维。但若有一个问题需要得到回答，一种模糊的状态需要得到澄清，那就是有了一个需要达成的目的，就需要让思维流入特定的渠道。任何一个假设的结论均会受到这一约束目的的检验，看它是否适用于面临的问题。理清思想困惑的需要也控制着所采取的探索方法的类型。一个旅行者若是以发现风景最美的路径为目的，他所要考虑的事项和遵循的原则，就会不同于想要发现通往一个城镇的路径的旅行者。问题决定思维的目的，目的控制着思维的过程。

> 按照目的调节思维

四、总结

可以得出概述，思维的缘由是遇到了某种困惑、不解或怀疑。思维不是自然的，不会根据"一般的原则"而发生。总是要有某些具体事物来引发和激起思维。对一个孩子（或是一个成年人）来说，不考虑他是否曾经

> 思维的缘由和激发

体会过令人烦恼和心绪不宁的困难，就要求他思考事情，这无异于建议此人靠自身力气把自己举起来一样。

联想和过去的经验

遇到一个困难，下一步就是思考如何解决——形成试探性处置方案或者计划，运用某种适合于这一具体情况的理论，并考虑这一问题的解决办法。现有的数据并没有提供解决办法，只能启示人们去想。那么，什么是联想的源泉呢？显然那只能是以往的经验和事先学到的知识。如果某人或多或少了解类似的情况，如果他以前处理过类似材料，那么此人或多或少就会进行适用的和助益的联想。但是，除非他具有此时能想象到的在一定程度上相似的经验，否则，困惑依然还是困惑。他将想不出任何有用的办法来理清这困惑。一个孩子（或者一个成年人）遇到一个问题，如果他以前从未经历过类似的情况，要他想办法，就完全是徒劳的。

如果联想到的见解马上就被接受下来，那就是无批判的、最低限度的反思性思维。如果在脑子里再思索一番，再反思一下，那就意味着探求更多的证据，探求新的数据，从而使这一思索过程进一步发展，也会如我们上文中所说，或者证实了这一信念，或者是看出了它的不当和谬误。当遇到真正的困难而又有相当的经验可资

第一章　思维的定义

借鉴时，思考的好与坏就在此时此刻明显地显露出来。最省力气的做法，就是接受一切看似合理的思考结果，使心灵得到宁静。而反思性思维总是有些费气力的，因为需要克服那种接受表面合理思索结果的惰性，所以大脑肯定要忍受一定的不安和骚扰。总之，思考意味着有了一种见解以后先将它搁置一下，再思索一番；这种搁置很可能是有些辛苦的。我们在本书下文中将会看到，培养良好的思维习惯时，最重要的因素就是要养成这样一种态度：肯将自己的见解搁置一下，运用各种方法探寻新的材料，以证实自己最初的见解正确无误，或是将它否定。保持怀疑心态，进行系统的和持续的探索，这就是对思维的最基本要求。

第二章 思维训练的必要性

<small>人是有思维能力的动物</small>

细说思维的重要性将是荒唐可笑的。人的传统定义就是"有思维能力的动物"。认为思维是区分人与鸟兽的根本要素，肯定是有道理的。对我们来说，更合适的问题是：为什么思维是重要的？回答这一问题后，我们就会看到，思维需要得到什么样的训练，才能收到它的功效。

一、思维的价值

<small>审慎和有目的的行动的可能性</small>

1.思维是避免单纯冲动或单纯惯性行为的唯一方法。没有思维能力的动物只会凭其本能或食欲而采取行动，是因外界环境及生物机体内在刺激而采取的动作，因而此种行为属于被动行为。这就是我们说的鸟兽行为的盲目性。采取这样行动的生物看不到或者预见不到其行动的最终结果，也不会预见以一种方式代替另一种方式行

第二章 思维训练的必要性

动将会造成的不同后果。它"不知其所为何"。而在有思维能力的情况下，现有的事物会充当尚未经历之事物的标志或表征。这样，有思维能力的人就能够根据现有的事物对尚未出现的和未来的事物采取相应行动，而并不是受某种未能意识到的力量的驱使，不管这种力量是本能还是习惯，而被动采取行动；此种情况下，反思性因素被调动了起来（至少是在某种程度上），他间接意识到某种较遥远的目标而采取了行动。

天要下雨时，没有思维能力的动物会在将要下雨且自己的机体受到某种刺激时钻回洞穴，而有思维能力的人则会感知到风雨欲来时出现的征兆，并且根据这些征兆和可预见的未来情况而采取相应的行动。耕田播种，锄草施肥，收割庄稼，都是有目的的行动。一个人只有学会将现时经历感受的因素归于它们将来预示的价值和预言，才有可能使之实现。哲学家们已大量论述过"自然之本""大自然的语言"。的确，只有发挥思维能力，才能从既有的事物推测到那些看不到的事物，大自然的语言才会被人听懂。对于善于运用思维的人来说，现有事物记载着它们的过去，就像化石记载了地球以往的史实；同时，事物又预示着它们的未来，例如从天体的现

<small>自然现象即语言</small>

时位置可测知它们许久以后的晦暝亏食。莎士比亚曾经说过"树木之言，溪流之本"，就十分生动地表述出事物的存在会在思考者眼里显现出额外的能量。种种预见、明智的策划、谋虑和计算均有赖于事物的征兆功能。

系统预见的可能性

2. 通过思维，人们还想出和安排出各种人为的标志，来提醒其可能导致的各种后果，以及获取或避免这些后果的方式。刚刚提到的思维特征使野人区别于野兽，继而又使文明人区别于野人。野人在江河翻船溺水，会注意到有哪些事物是今后需要注意的危险征兆。而文明人则是有意识地制作一些标记以防备险情。当文明人预见某种事故将要发生时，会预先设置残骸预警浮标以防止撞船事件，会建造灯塔以指引安全航线。阅历丰富的野人会察看天气变化的征兆；而文明人则建立气象服务部门，在缺乏特别方法、无法提前测到可能出现的任何征兆之前，能预先收集天气变化征兆和广泛发布气象预报。野人能通过识别一些模糊的标志在荒野深山中找到出路；文明人则修建高速公路供所有人使用。野人发现了火的踪迹，进而发现了取火的方法；文明人则发明了各种设备，能随时按照需求照明或取暖。文明开化的实质就在于我们通过深思熟虑，建起了各种纪念碑和纪念馆以防遗忘；有意设置一些仪器，以便在各种紧急和危急情况发生之前，测量危险是否接近；记录危险性质，以抵御危险事件，或者至少帮助我们减小所受不利影响，并且巩固或者扩大有利影响。所有形式的人造仪器都是对自然之物的有意改造，以使它们都比其自然状态优越，能够更好地预示隐藏的、缺失的和遥远的危险。

3. 最后，思维还会给自然的事件和物体赋予截然不同的地位和价值，这远远不同于那些无思维力者对它们的感受。在那些不懂得它们是语言象征的人看来，这些话不过是扯淡，是光与形的奇怪变异而已。但有思维能力的人会看出它们是其他事物的象征，根据其所表达的意义，每一事物均有它自己的特性。自然物体亦是如此。一把椅子，在没有思维能力的动物看来，不过是一件可以闻一闻、咬一咬、爬一爬的东西而已；但在有思维能力的人看来，椅子却有意识地提供了一个可以坐下来、歇一会儿和与人进行社会交流的机会。一块石头，在一个仅用感观认识它和一个知晓其历史与未来的人看来是完全不同的。我们只有出于礼貌才会说一个没有思维能力的动物会对一个物体有什么感受，而在我们看来，一个物体却是由它所拥有的素质所组成的，这些素质又是

物体素质丰富的可能性

其他事物的标志。

动物对事物性质的见解

英格兰逻辑学家维恩先生说过，一条狗看见一道彩虹，其感受是否多于它对它所在之国的宪法的理解，可能都是一个问题。同样的原则适用于它睡的窝和它吃的肉。它想睡觉时，就进了狗窝；它饿了，闻到肉味就兴奋。除此以外，它看见一个物体还会有什么别的感受呢？它肯定不会感受到一座房屋是人们的"家"，即一座永久住宅所囊括的种种设施以及人与人之间的关系，除非它能将所有眼见之物抽象成未见之物，也就是说，除非它有思维能力。它吃一块肉时也不会想到它来自什么动物的肢体的什么部位以及它能提供什么营养。一个物体失去了诸如此类素质意义，还算是什么物体，我们真难说清楚，但是可以肯定的是，那跟我们所感知到的物体是完全不同的。此外，无论是对于感官、思维还是作为其他事物的象征，事物融合度的提升一直在增长，而且增长的可能性实际上是没有限度的。从前需要哥白尼或牛顿那样卓越的智力才能认识到的一些事情，今天已成为孩子们都会马上明白的常识。

忙碌于日常工作和思维活动

思维能力的各种价值，也许可以用约翰·斯图尔特·穆勒的一段引言进行归纳："进行推理诚可谓生活中的大事。每个人在每一天、每一小时和每一刻都需要对自己并未直接观察到的事情加以推断,这并非总是出于增加自己的知识这一一般性目的,而是因为这些事情本身关系到自己的利益或职业。地方司法官、军队指挥官、领航员、医生或农艺师所承担的任务就是要根据证据做出判断,并采取相应措施……他们在这方面做得是好还是不好,决定着他们本职工作的优劣。只有在这方面,他们得不停地动脑筋。"[1]

二、需要引导以实现价值

人每天每时都在思索,这不是什么技术性的和深奥的难题,但也不是什么无足轻重的小事。在任一时刻适合的场合下,这一功能都必须与智力相协调,且必须由清醒的思维完成。但是,仅仅因为这是一种推理的过程,是在确凿证据的基础上得出结论,并间接地得出信念,该思维过程可能出现错误也可能走向正确,所以需要谨慎小心,需要接受训练。它越是重要,出错的危害也就越大。

_{思想也会走偏}

---

[1] 见穆勒《逻辑关系》(*System of Logic*),引言,第五节。——原注

> 不论是好是坏，都是按照观念行事

比穆勒更早的一位学者约翰·洛克（1632—1704）阐述过思维对于生活的重要性和思维训练的必要性，以便通过思维得到最好的效果和防止最坏的结果。他说，"任何人做任何事，都是以这一种或那一种观点为依据，这些依据成了采取某种行动的理由；不论他运用何种手段，他都是以自己这一有充分根据或并无充分依据的见解作为引导，按照这一正确或错误见解而投入他的全部行动力量……神殿教堂都会供奉神圣偶像，我们总是能看到有多少人为之顶礼膜拜。实际上，存在于人们头脑中的观念和偶像都是始终指导他们行动的无形力量，他们都心甘情愿地服从这一指导。因此，极其重要的是要用心培养自己的认识，在探求知识和做出判断的过程中对事物进行正确的理解。"[1] 既然一切有意实施的活动以及我们种种力量的运用都有赖于思维，那洛克强调用心培养自己的认识"极其重要"，就是恰如其分的。思维能力最能让我们摆脱本能、欲望和习惯，但也有可能给我们机遇，或者让我们出错失误。它使我们高于禽兽，但也有可能让我们干出禽兽由于其本能限制而干不出的蠢事。

---

1 见洛克《论理解力的运用》（*The Conduct of the Understanding*），第一段。——原注

三、需要经常加以调节的倾向

在一定程度上,正常生活和社会生活中都会出现一些需要调节推理思维活动的情形。生活中许多时候都必须遵从基本的和持续的规矩,它是任何巧妙的办法都无法有效地代替的。被火烫过的孩子怕火,这痛苦的经历比给他讲述热量的特性更能加强其对正确推断必要性的认识。社会环境也会重视对事物的正确推理,在此,基于有效思维的行动具有重要的社会意义。正确的思维有益于生活,至少可以使生活避免相当多的烦恼。敌情险情、安全保障、饮食调理或重要社会交往的种种征兆迹象,都需要得到正确的辨认。

_{正确思维在生活中和社会中的益处}

然而,这种思维能力训练虽然在一定限度内能见效,却不能让我们不受限制到处畅行无阻。在一个方向上得出合乎逻辑的见解,并不能保证不会在另一个方向过头而得出错误结论。野蛮人群中的狩猎专家很擅长发现野兽的行踪和位置,但谈起野兽习性的来源和构造时却可能胡言乱语。当人们的生活安全而富足时,没有直接可见的障碍来阻止人们进行思索推理,也就没有天然的阻力来防止人们得出错误的信念。有时仅仅因为某些

_{认识仍有可能走偏}

思维生动有趣，即使依据甚少，也可得出结论；而有时事实众多却引不出适当的结论，只是因为它们有悖于现有习俗而不受欢迎。还有一种倾向是所谓的"原始的轻信"，即分辨不清什么是幻想，什么是合情合理的结论。一见云里雾里有引人注目的脸面，就信以为真。天然的智力阻挡不了谬误的传播；而阅历不浅但思维不正确，就仍然会积累许多错误的信念。错误与错误可能互为印证而交织成越来越大、越顽固的一套谬论。梦、星相、手掌纹路都用来占卜吉凶，纸牌的跌落被认为一定是预兆，而自然界一些极其重要的事态却遭忽视。各式各样的占卜迷信如今仅见于一些阴暗的角落，但从前却是普遍流行的。人们用了很多很多的科学事实才驳倒了它们。

> 迷信如同科学皆自然形成

仅仅就联想的功能而言，看见水银柱变化就预测下雨，以及看到动物内脏和鸟群飞向而预测战争输赢，都是联想，并无差异。洒落一把盐预示某人要遭厄运，与被蚊子咬了预示会染上疟疾一样，也都是预测。只有系统地调控进行观察的条件和严格调节自己进行联想的习惯，才能确保自己得出的信念到底是对还是错。用科学推理取代迷信推测，靠的并不是提高自己感官的敏感度或联想功能的自然运行原理，而是调控好自己进行观察

第二章 思维训练的必要性

和推理的条件。

再次提及一些导致错误信念的主要原因是有意义的。例如,在近代科学探索的起始之时,培根[1]就指出过让人得出错误信念的四点原因,即被冠以"假象"(即虚假的景象)名称的事物,这些事物将人们引入歧途。他将这些原因称之为"假象"(idols),或"幻象"(phantoms):(1)部族;(2)市场;(3)巢穴;(4)剧院。说得通俗易懂一些,这就是:(1)植根于人性的、通常惯用的一些错误想法(或诱惑);(2)人们的来往和交流;(3)犯错误者的个人特性;最后(4)某一时期的时尚或习俗。我们还可以从不同的方面对错误信念的来源加以分类,即上述原因中有两种是内在的,两种是外在的。内在的两种当中,有一种是人类共同拥有的(例如容易承认那些跟自己固有信念相符的事实,而不易承认那些跟自己固有信念相悖的事实),另一种是个人的特性和习惯。外在的两种当中,一种是常见的社会现象(例如倾向于认为有名者皆有实,无名者则无实),另一种则是一时一地的风气。

错误思考的常见原因:培根的假象

---

[1] 培根(Francis Bacon,1561—1626),英国哲学家,实验科学创始人。——译注

洛克的论述　　洛克也谈过三种信念错误的典型,文字比较通俗,可能更具启发意义。除了引用他那熟悉而充满力量的引言,再无其他更好的办法。通过举例说明不同类型的人,洛克阐明了思维发生错误的不同方式。下面直接引用原文:

依赖别人　　1."第一种人是极少进行推理的人,其思想和行动总是模仿别人,包括学父母、邻居、牧师以及自己心甘情愿奉为师表的其他的人。他们只图省心省力,不肯认真思考和检验"。

只求利己　　2."第二种人是以自己的爱好代替理智,并且坚决以喜好决定行为和论证,从不使用自己的推理,而是倾听别人的推理,只要该推理符合他们的幽默感、利益或者狂欢需求"。[1]

思路受限　　3."第三种人倒是真心实意愿意遵循理智,但思路不够开阔,见识也不宽广,因而看问题不够周到全面……他们交游不广,阅览范围狭窄,听不到各种不同的意见……他们信息来源有限,像流淌的小溪,而又不愿投身于知识的海洋"。一些人本来天分相当,但最终却

---

[1] 洛克在另一处指出,"有些人往往让自己受偏见和爱好束缚……考虑问题都是从自己的好恶出发,对己不利的,一概拒之于门外,再明显的道理也听不进去。"——原注

第二章 思维训练的必要性

知识水平相差悬殊,这是因为"他们机遇不一,他们所获取到的信息、头脑中所积累的观念、概念和观察的结果以及能据以思考的这些内容出现了差异,高低不等"。[1]

洛克在他的另一部著作中,谈到了同样的想法,只是表述形式有些许不同。

1. "凡是跟我们的信条不相符的事物,都往往被认为是难以置信的,而不予考虑。对自己的信条坚信不疑,奉之为至高无上,因此不但不相信其他人的见解,而且对自己耳闻目睹的证据,只要该证据证明其他事理正确且违反我们深信不疑的信条,我们也往往会拒绝承认该证据……最常见的情形就是孩子们接受他们的父母、保姆或和他们有关的其他人的影响;这些人将种种见解灌输到儿童既无防备亦无己见的心灵中,并且使其逐渐加深,最后(不论这些见解对错如何)进一步被习俗和学校教育加以固化,甚至到了无法将其根除推翻的地步。小孩子长大以后,反思自己的观念,发现这些观念已经根深蒂固,甚至在其记忆之初就已存在,所以即使未能发现最初接受了谁的指导或者是通过什么方式获得这些信念的,他们也习惯

<small>信条的作用</small>

---

[1] 见洛克《理解力的运用》(*The Conduct of the Understanding*),第三节。——原注

于将这些信条奉为神圣，不让它们受到玷污或怀疑。"他们将这些信条视作"裁定是非对错的可靠标准，在遇到各种争论时都求助于这些信条的判断。"

思想闭塞

2."另有一些人则将思想固化在一定的模式里，除了自己接受的假说以外，别的假说一概不接受"。洛克接着指出，这些人虽不否认事实和证据，但是思想闭塞，固执于特定的信念，对不符合这些信念的证据无法信服。

利我盲从权威

3."以自己的爱憎好恶为尺度。这第三种人就是，凡是不合自己胃口和爱好的，不论其概率多高都不予考虑。在一个贪财者的推理过程中，若一边是概率很高的事物，而另一边是钱财，那就不难预见哪一边压倒另一边了。这些世俗气十足的脑袋，就像泥巴墙一样，不论多么强的电池也是无法让它通电的。"

4."权威。思想容易出错的这第四种人最常见，其数量之多超过前几种人之和。他们盲从权威，不论是朋友或邻居或党和国家首领，只要大家都信，他们也跟风，放弃自己的独立思考。"

错误思维习惯的先天原因和社会原因

培根和洛克都说明了，错误思维的根源除了个人性格倾向（例如倾向于匆忙下结论以及倾向于做遥远得不着边际的结论），而且还有社会的原因，且后者倾向于煽动和确定如下错误的习惯,即根据权威、有意识地指导甚至更加隐蔽地有意无意地组织语言、模仿、同情和联想而进行思维。因此相应地,教育不仅要让人们克服个人思维的错误惯性——急躁鲁莽,自以为是,只顾自身利害得失而不顾客观现实——还要削弱和摧毁社会上长期积存且严重固化的各种偏见。当社会已有较为理智、较注重理性信念、较少盲目跟随权威的风气,教育机构应能比现在更加积极发挥建设性作用,可与其他社会环境有意无意发挥的教育作用协调配合,帮助人们端正自己的思维习惯和信念。现在,教育工作不仅要将人们一些自然的倾向转变成训练有素的思维习惯,而且还要教育人们抵制社会上的不良风气,改变已经形成的错误思维习惯。

四、通过调节使推理成为证明

思维重要,因为正如我们所见,通过思维这一功能,可从既知的或已查明的事实中看出或推测出其他并未直接确知的事实。但是这种从已知事物推想到未知事物的过程很容易出错。能对它产生影响的因素,包括未见的和未考虑到的原因,数目甚多,如以往的经历、信

> 跳跃式思维的普遍性

奉的信条、自我利益的顾及、情感的变动、心理上的怠惰、偏见的社会环境、没有根据的期待，等等，可谓是不胜枚举。实际上，思维就是推理，即从一事物推想到存在关联的另一事物的概念或信念。这涉及认识上的一次跳跃，即从已确知事物跳跃到根据某证据推定的另一未知事物。除非是白痴，否则人们都会从已感知的事物联想到未知的事物，或根据已知的趋势推想到未来的趋势。从已知到未知，必然涉及思维上的一次跳跃，这样就必须注意自己是在什么样的条件下完成这一跳跃的，以减少思维跳错的危险，提高正确思维跳跃的概率。

> 因此，适当的调节需要可以提供证明

此时应注意：（1）调节好完成联想功能的条件；（2）调节好对联想到的事务赋予信任的条件。以这两种方式完成的推理（对其细节的研究构成本书主要内容之一）即形成了证明。证明某一事物主要意味着对它加以试验、检验。例外情况常用来证明一条规则，换言之，例外情况要求提供众多证据以便严格地执行。倘若这条规则经受住了这一检验，那就没有什么理由再怀疑它了。事物在经受住检验之前，我们还无法知道它的价值究竟如何。但经受住检验之后，事物即是可信的，因为它已得到了证明。它的价值业已明朗。推理即是如此。一般说来，推理是一种宝贵的功能，但这一点并不能保证推理都一定正确。推理是有可能出错的，正如我们所见，有不少因素都会使其出错。因此，重要的是要做到每一推理都是经过检验的。但是我们往往做不到这一点，因此必须加以区分，自己哪些信念有经过检验的证据，而哪些信念却尚无此种证据，从而谨慎小心地予以对待。

教育的任务在于传授各种可能的信息，而不在于对每一见解均提供证明，但教育有责任让受教育者养成深层次的、有效的习惯，来区分哪些是经过验证的信念，而哪些仅仅是人们的主张、猜想和想法；要以真诚、活泼和开朗的态度接受那些确有根据的结论，并在个人工作习惯中掌握适当的方法，对自己遇到的各种问题进行相应的探究和推理。倘若一个人没有这样的态度和习惯，那么不论他知晓多少传闻和消息，他都不是一个真正有教养的人。因为他缺乏基本的思维素质。而这种习惯并不是与生俱来的（不论想要习得这些习惯的愿望有多么强烈）。自然环境和社会环境又不足以迫使人们养成这种习惯，因此教育有重大责任为培养它们创造条件。培养这些习惯，就是思维训练。

教育有责任培养熟练的思维能力

第三章 思维训练所需的自然资源

我们在上一章中谈到通过训练来转变自然推理能力的必要性,以养成批判性审视和探索的习惯。正因为思维对于生活非常重要,而自然的思维倾向容易走偏,社会上又存在一些因素会影响思维习惯,导致根据不足或错误的信念,因此,思维的训练必须立足于思维的自然倾向,也就是说,训练必须从这些自然倾向中找到出发点。倘若一个人训练之前原本不会思维,那么训练也无法教会他思维。一个人要学习的并不是思维本身,而是如何更好地思维。简言之,人们必须在本来就有的独立自然思维能力基础之上进行思维训练;训练的目的不是创造这种能力,而是让这种能力朝着正确的方向发展。

<small>有自然思维力才能接受训练</small>

教与学是互相联系或者相互对应的过程,其关系很像卖和买。但即使没有人买货,一个卖货的人也可以说他卖掉货物了;即使没有学生学到东西,一个教书的人也可以说他已经教书了。因此在教学过程中,主动权更

<small>因此学习者必须主动</small>

第三章 思维训练所需的自然资源

多地掌握在学习者手中，其程度超过了买卖中的买方。学习思维者应学会更加经济更为有效地使用他已有的思维能力，而教人思维者更是需要让教学更加适应和更能激发学习者已有的思维能力。要使教学对学习者具有这样的吸引力，教师就必须很好地了解学生们现有的习惯和倾向，了解他需要收集的自然资源。

这种自然资源必定涵盖许多的复杂细节，因此难以精确列举它的所有项目。但是我们看看思维的基本要素，将有助于我们看出它的主要元素。我们上文中已谈过，思维涉及我们联想到一项有待于接受的结论，进行探索和思索，以检验这一联想的价值，最后再接受自己认为有价值的结论。这意味着：（1）要有一定的经历和事实以引起联想；（2）联想力的敏捷性、灵活性和丰富性；（3）联想的内容要有条理性、连贯性和恰当性。很明显，在以下三个方面，一个人都有可能遇到障碍：他可能没有足够的事实材料，来作为联想的依据，因而导致其思想狭隘、粗杂或无关宗旨；或者虽然具体的事实以及原材料数量巨大、广泛，也无法轻易地引发丰富的联想；或者，即使这两项条件均已得到满足，但是所联想到的内容却缺少连贯性或者怪诞不经，而非连贯持续。

> 三方面的重要自然资源

希望得到充分
的体验

一、好奇心

在提供那种能引起联想的原始材料方面，最重要和最有活力的因素无疑就是好奇心。古希腊贤哲曾说，好奇心是一切科学之母。惰性的头脑只能坐等强加于它之上的经历。华兹华斯[1]生动描述过：

眼——它无法选择只能观望；
耳——我无法阻止它倾听世界；
我们的身体不论何处都在感受；
而不管我们是愿意还是不愿意。

这就如实地表现出人们是如何自然地受到好奇心的驱使。正如同充满活力的健康的身体总在寻求营养，好奇的心灵也总在保持警觉并进行探索，寻求思考的材料。有好奇心的地方，就有寻求新的和各种各样的体会的渴望。这种好奇心是我们获取供推理之用的原始材料的唯一可靠保障。

---

[1] 威廉·华兹华斯（William Wordsworth，1770—1850），英国诗人。——译注

1. 好奇心最先表现为一种重要的外流，一种丰富 　身体接触
的有机体能的表露。一个孩子会由于生理上的不安宁而
"对任何事物都感兴趣"——不断地摸、戳、敲、扒。观
察动物的人看到了一位作家所说的，"它们片刻不停地干
傻事的倾向。""老鼠跑来跑去，到处嗅着、扒着和咬着，
而无心关注其正要做的事情。同样地，一只名叫杰克的
狗东扒扒西跳跳，猫这儿闻闻那儿抓抓，水獭像闪电似
的窜过来窜过去，大象不停地晃动，猴子到处抓东西。"[1]
随便注意一下一个婴儿的动作，就会看到他也是不停地
试探和摸索。他会吸吮、触摸和碰击各种物品，推推拉
拉，抓抓丢丢，总之是在体验这些东西，直到他对它们
不再有新鲜感为止。这样的活动很难说是智力活动，然
而倘若没有这些活动，智力活动就会因缺乏材料而变得
断断续续、苍白无力。

2. 在社会刺激的影响下，好奇心会发展到较为高级　社会接触
的阶段。当一个孩子能够从其他事物中获得有趣的感受
（所以如果物体不再提供有趣的经历，那么他就会求助别
人给他提供感兴趣的材料），此时，一个新的时代就开始

---

[1] 见霍布豪斯《心智演化论》(*Mind in Evolution*)，第195页。
——原注

了。我们会不断地听到孩子在问,"这是什么?""那是为什么?"最初,这种问问题的行为不过是他的体能过剩转移进入了社会关系,此前这种体能过剩表现为不断推拉或开门、关门等行为。他会连珠炮式地问问题:是什么支撑住了这座房子?支撑着这座房子的土地又是靠什么支撑的呢?那支撑这土地的地球又靠什么支撑啊?如此等等。但是这些问题还不是真正有意识的推理关联。他问为什么并不是要求科学的解答,其背后动机只是希望更多地了解他所立足的这个神秘的世界。他探索的还不是什么法则或原理,而只是更多的事实。不过小孩的东问西问已不单单是为了积累一些信息或者堆起互不连贯的条目,尽管这种询问的习惯最后只演变成无休止的语言。他会在朦朦胧胧之中意识到这种种事实还不是全部的故事,它们背后还有更多的东西,还能从这些东西看出更多的道理。这样就出现了求知欲的萌芽。

智力探索　　3. 好奇心上升到体能层面和社会层面之上,就成了智力,以至于在观察事物和积累材料的时刻就转变成了对引发问题产生兴趣。当问过别人问题后仍未得到答案,而孩子仍然继续思索该问题,想方设法寻求答案时,好奇心就上升到了智力层面,成为推进思维的积极力量。

对于思想开通的人来说，对大自然和社会的体验都充满了各种各样微妙的挑战，有待于进一步思索。使问题萌发的力量需要及时抓住和正确培养，否则它们会逐渐减退以至消失。这一规律尤其适用于那些无法确定、令人质疑的问题。有些人的求知欲始终保持强劲，永不消退，但在多数人身上，这一欲望却很容易因受挫而变得迟钝。培根说过，我们必须像小孩那样，才能进入科学的王国，这就提醒我们要保持孩童那种思想开通、灵活好奇的心境，同时也提醒我们注意这一天赋是很容易消失的。有些人是在缺乏关怀和充满冷漠的环境中失去了它，另有一些人是在轻浮草率的境遇之中失去了它，还有一些人虽逃脱了这些不幸的遭遇，但思想却陷入了教条主义牢笼，这同样扼杀了其本来拥有的好奇心。有些人成天忙忙碌碌，无暇关注新的事实和问题。另一些人仅仅在自己选定的职业生涯中对涉及个人利益的事物保持好奇心。许多人的好奇心只限于流言蜚语和市井短长，这一现象相当普遍，所以人们往往将好奇心联系到窥探他人隐私。因此，在好奇心方面，教师能做的事是学多于教。他很难重新燃起别人的好奇心，他所能做的主要是努力防止这种好奇心圣火的熄灭，帮助尚未熄灭之火继续燃烧。

他的责任是设法保护人们好奇探索的精神,别让它因兴奋过度而衰竭,别让它因日常事务而麻木,别让它因教条灌输而僵化,也别让它浪费于琐碎事物之中。

二、联想

不论题材是丰富还是贫乏,是十分重要还是无足轻重,人们都会从现在经历的事物产生联想,对尚未见闻的相关事物产生一些想法或信念。联想的功能不是仅仅通过教学就能产生的,通过特定条件能够使该功能得到改善或者遭受削弱,但它是消灭不了的。有些孩子努力尝试"停止思维活动",可是联想依然连绵不断,恰如华兹华斯所言,"我们的身体不论何时都在感受,而不管我们是愿意还是不愿意。"说到底,并不是我们主观上要思维,而是思维自动发生于我们头脑之中。只有掌握了适当的方法来调控自己的联想功能,并能承担起由此产生的后果时,我们才能真正地说"我想是如何如何"。

联想的方面　　联想的功能有很多不同的方面(或者我们也可以称这些方面为不同维度),它们因人而异,每一方面对比不同，其组合方式也不同。这三个维度包括：联想的难易或者快慢；联想的范围或者种类；联想的深度或者可持续度。

1. 通常将人们分成聪敏不聪敏，主要基于其敏捷程度，即联想的快慢，当呈现某物体或者发生了某事件时，联想才会产生。正如愚笨和聪明的隐喻所暗示的那样，有些头脑无动于衷或者这些脑子属于被动接收信息类型。见到听到什么事，它们的反应都是单调乏力，毫无反馈。而另有一些人却反应敏捷，会相应地产生各式各样的联想。前者发呆，后者则是以完全不同的性质思考同一件事。呆滞或愚笨的脑子要受到重击才产生回应，而聪敏的脑子则回应迅速，并能迅速给予解释，并很快能联想到可能的结果。

1. 难易或快慢

但是教师不应该看到一个学生对学校功课反应迟钝就断定他头脑愚笨。有的学生在学校被认为愚蠢透顶，可是他对自己觉得值得做的事，例如某种校外体育运动或社会工作，却反应灵敏，表现出色。即便是学校功课，若是换一种内容或教学方法，他也有可能接受。一个男孩也许在几何这门功课上显得不开窍，但是在别的方面，例如，在需要动手完成的功课上，却可能心灵手巧；一个女孩也许对历史晕头转向，但在评判旁人是非功过方面却很有水准。除了身体有缺陷或有疾病的人以外，对所有事情都反应迟钝、傻里傻气的人还是比较少见的。

2. 范围或者种类

2. 联想的范围时宽时窄，但这一差别与上述的反应快慢并无关系。我们都有过这种感觉，有时思潮如潮汐澎湃，有时却如涓涓细流。有时人们表现不出什么反应，是因为心里联想到许多方面，它们互相制约，让人一时不知说什么好，陷于彷徨犹豫；有时则是一种生动敏捷的联想占据主导，滔滔不绝地表达出来，而其他的反应则被阻挡在一边。有的人联想太少，这表明其思想贫乏枯燥；这样的人若是专注于琢磨什么大学问或大生意，就会表现为书呆子或者葛擂梗[1]式的人物。这种人的脑筋总在转，可是除了干巴巴的信息以外便无话可说，容易让人厌烦。与之形成鲜明对比的是我们所说的那种懂得人情世故又满怀风趣的人。

考虑几种方案之后再得出结论，这从形式上来看是正确的，然而，对比各种各样的备选方案并最终得出一

---

[1] 葛擂梗（Gradgrind），狄更斯小说《艰难时世》中的人物，只重金钱实际而薄于人情。——译注

种方案之后，该方案将不具备完整的、丰富的意义。另一方面，联想数量众多，五花八门，那也不利于良好的思维习惯。联想数量太多时，会使自己无所适从。人们会发现，要得到某个确定的结论很困难，他们只是在众多联想中无助地徘徊。联想到太多的正负得失，从一件事又自然地联想到另一件事，人们会发现，在实际问题中做出决定或由理论问题得出结论是非常困难的。想得太多会让行动陷于瘫痪。这众多的想法会让自己理不出一个合乎逻辑的头绪。因此，最佳的思维习惯是联想数量既不要太少又不要太多，要保持平衡。

3. 联想的深度或者可持续度。我们区分人们的智力，不仅要看他们反应的快慢和范围，还要看他们反应的深浅如何，这能表现出他们反应行为的本质。

<small>3. 深度或者可持续度</small>

有的人思想深刻，有的人则思想浅薄；有的人能思索到事物的根源，有的人则只轻轻触及事物的表层。思维的这一方面也许最不受后天教育影响，外界影响最难以使它改变，无论是变好还是变坏，其过程都很难。然而，学生对标的物进行接触，既可以是被动地深入其实质内容，也可以是接受鼓励对事物浅尝辄止。普遍流行的一种看法是，认为学生只要肯思考就是好的，另一种

看法是，认为学习的目的只在于积累信息，这两种看法都会让学生停留于肤浅的知识，而不利于督促他们深入思考。有的学生在日常生活中能敏锐地区分事物的重要性，可是到了学校里上课却将所有科目等同起来；似乎一件事物与另一件事物一样真实，而智力耗费不是用来区分事物，而是用来组织口头语言。

快慢与深浅　　有时，反应的快慢是与深浅密切相连的。要消化印象并将它们转化为实在的观念，是需要时间的。"聪明伶俐"可能只是昙花一现。有的成年人或孩子反应虽慢却很扎实，所得印象皆深入积储，致使其思维达到较深的层次，而不仅仅停留在虚浮表面。不少学生由于慢慢动脑认真思考问题而被指责为"反应慢""回答问题不敏捷"。在这种情况下，有些人就养成了快答抢答的习惯，尽管这种快速停于肤浅表面。对问题、困难的思索要达到相当的深度才能保证思维结果的质量，而在教学当中只鼓励学生迅速复述课文或展示快速记忆力的做法，等于鼓励他们快速掠过真正问题，这不利于真正的思维训练。

我们不妨回想一下，一些在自己专业领域中做出卓越贡献的男女，在他们的学生时代却曾被人说成是笨孩子。有时，这种早先的错误评价主要是因为孩子感兴趣

第三章 思维训练所需的自然资源

的领域在当时并不被看好,他们也因此而遭人轻视;达尔文对甲虫、蛇和蛙的兴趣即是一例。有时,因为孩子习惯于深层次思考,比其他学生乃至老师想得都深,但是这种习惯却被认为是缺点,相反,别人回答迅速才被认为是聪明。有时,因为孩子待人接物的天性不符合教科书和教师的要求,而教科书和教师的要求被认为是对学生做出评价的绝对依据。

总之,教师最好改变自己的观念,不要认为"思维"是一种单一的、一成不变的功能;教师应认识到"思维"一词指示了事物获得重要性的各种不同的方式。还应该除去一种类似的观念,不要再认为某些科目天生就是"聪明人"的选择,因而拥有一种训练思维能力的神奇力量。思维是具体的,它不是现成的、类似机器的装置可以随意开关,并对所有科目适用;不是一盏提灯,可随意照亮马匹、街道、花园、树木或河流。思维是具体的,因为不同的事物以不同的方式展示它们各自的意义,讲述自己独特的故事。正如同身体的成长是通过吸收食物的营养一样,智力的成长是通过对各种题材进行逻辑编组。思维并不是像生产香肠的机器那样,可以不加区分地将种种材料糅合成一种畅销的商品。思维是将

> 任何科目都具备"智力的"内涵

各种具体事物引起的各种具体联想加以排列，联结到一起。因此，任何一个科目，从希腊语到烹饪，从图画到数学，都是有学问的，也就是"有智力的"，这不在于它的固定的内部结构，而在于它的功能，即能引起和指导认真探索和思考的力量。几何学能对一个人产生这种作用，而实验室操作、音乐作曲艺术或者经商则能对其他人产生同样的作用。

三、条理性：思维的本质

<small>连贯性</small>

仅有事实，不管其范围是宽是窄，以及由这些事实联想到的结论，不管其数量是多是少，即便是结合到一起，也仍然构不成反思性思维。这些联想还必须加以编组，使之彼此相关联，并与它们所依据的事实相关联，从而安排得有条理。当灵巧性、丰富性和深刻性的因素都得到应有的平衡或保持了应有的比例时，我们得到的结果就是连贯性的思维。我们既不希望思想迟钝也不希望思想仓促。我们既不希望思维杂乱无序也不希望其刻板僵硬。连贯有序意味着灵活性和材料的多样性，这些材料都是按照单一的、明确的方向排列在一起的。这既

第三章 思维训练所需的自然资源

要反对机械古板的统一，也要反对蚱蜢乱蹦式的运动。人们谈到聪明的孩子时常说，"他们只要定下心来，做什么事都行"，对任何事都能又快又好地做出反应。但是可惜的是，他们很少能定下心来。

另一方面，做到不分心还是不够的。我们的目标并不是绝对狂热的集中精力。集中精力并不意味着固定不动，也不意味着紧紧钳住联想的洪流或者使其瘫痪。而是意味着让多样变换的思想连接成一股稳定的趋势并朝着一个统一的结论涌动。集中思想，靠的不是静止不动，而是朝着同一个目标前行，就像一位将领集中他的兵力发起一次攻击或者进行一次防守一样。保持思想集中就像保持船的航向一样，虽然需要经常变换位置，但始终要朝着自己既定的方向前行。连贯有序的思维也如同改变标的物一样。连贯要防止思绪矛盾，而集中精力则要防止分心，而思绪矛盾或集中精力都存在于无聊的日常生活中或者"轻易就会走神"的人身上。可能会出现各种不同的和不相容的联想，但只要保证每一联想均与主题保持一致，就可以保证思维的连贯性和条理性。

对于大多数人来说，要养成有序思维的习惯，其原始研究证据来源主要是间接的，而不是直接的。智力的

> 实际的需要促成一定的可持续性

组织源于而且一段时间以来发展于实现某一目的的伴随行为组织之中，而并非思维能力诉求的结果。需要进行思维来完成思维之外的事情，比单纯进行思维更加有意义。所有开始从事自己职业生涯的人都是通过有条理的行动来达到有序思维的，多数人大概终生都是如此。成年人通常都从事某种职业和事业，这样，他们就有了一条连续的轴线，让自己的知识、信念以及得出的结论和检验结论的习惯都围着这一轴线旋转，并且其组织也颇具条理性。他们为有效地履行自己的职责而进行种种观察，且观察结果和思维都得到了延伸和整理。与此相关的信息不只是积累起来，而是分门别类记在心中，供需要时使用。多数人的推理并非来自纯推测动机，而是来自他们在各自职业中有效地实施业务的过程。因此，他们的推理经常受到业绩的检验。无效的和零散的方法通常都被放弃了，条理井然的安排则受到了重视。他们的思维经常受到种种事件和问题的考验，对于实际上所有的非科技专业人员来说，这种行动之中是否产生有效的经历就是他们的思维条理性的主要原始研究证据来源。

在青少年的正确思维习惯训练中，通过实际行动检验推理的方法也不容忽视。然而，对于有组织的活动，

第三章 思维训练所需的自然资源

青少年和成年人的表现是有很大差别的,在青少年的教育中运用这种方法时,一定要认真考虑到如下差别:(1)成年人需要通过实际活动取得外在的成就,这是他们迫切的需要,因而思维能力所受到的锻炼比较有效,而孩子则只是将这种活动当作一次学习机会;(2)成年人的活动结果比较专业化,这也不同于孩子的活动。

1. 适当的选择和安排行动方式,对于青少年来说,要比成年人困难得多。成年人的行动方式或多或少是由环境决定的。成年人已是公民、户主、父母,有了一定的职业和专业,这些都决定了其主要行动特点,这似乎也在一定程度上自然而然地迫使他养成了相应的思维模式。而孩子则不同,其社会地位和个人追求未定,几乎没有任何客观因素来迫使他遵循什么持续的行动方式,而其他人的意志、孩子个人反复无常的想法以及他所处的环境也往往对他产生短暂的、与众不同的影响。缺乏持续的行为动机再加上孩子不成熟,思维模式就具有很强的可塑性,这使得教育培训变得更加重要,而寻找适合孩子的持续行为模式也会更加困难。行动方式的选择往往带有随意性,受学校教学传统、教育思潮和变化不定的社会风气影响,因此,人们有时认为在这方面下功

孩子遇到的特殊困难

夫收效不大，于是就完全撇开了重视实际行动的教育，而只讲求纯理论和书本知识。

孩子的特殊机会

2. 然而，这一困难恰好表明了一个事实，那就是为孩子选择真正有教育意义的活动机会，要比为成年人选择同样活动的机会大得多。大多数成年人承受到的外在压力很大，因此，其职业和业务对其智力和性格的影响即使真有教育价值，其收效也只是附带的、意外的。孩子所面临的问题，同时也是机会，则在于选择有条理的和持续的活动模式，这既为他们成年后必然从事的活动做准备，又能立刻在思维训练方面看到效果，有助于他们形成良好的思维习惯。

两个极端

教育界的实践表明，对于明显的、费力的训练活动，人们往往是在两个极端之间摇摆。一个极端是几乎完全忽视这种训练活动，理由是人们认为这种活动杂乱无章、波动易变，只是迎合青少年短暂的、未成形的兴趣，这些训练纯粹是让学生分心；或者是，人们规避这种邪恶的、与高度专业内容相悖的、或多或少出于商业目的的、旨在培训成年人的活动。学校若是提供了这些培训活动，那只是迫不得已的让步，是让学生在繁忙的学业中得以忙里偷闲，或是学校受到外界功利主义压力不得已而为之。另一个极端则是认为任何活动只要不是强迫学生死记硬背书本知识，就都是好的，就都能收到几乎神奇的效果。持这一立场的人鼓吹通过游戏、自我表现和自然成长促进智力增长，似乎任何一种自发的活动都必定能让思维能力得到恰当的训练。他们还搬出一套神秘的大脑生理学，用以证明任何一种脑肌肉锻炼都能训练思维能力。

当我们在这两个极端之间摇摆时，一个最严重的问题却往往被忽视，这个问题就是如何发现和安排这样一种活动，它必须是：（1）哪种活动最适合未成年人的智力发展；（2）哪种活动最有利于为他们成年后承担社会责任做准备；（3）哪种活动能同时最大限度地促进他们养成敏锐观察和连贯推理的习惯。好奇心关系到思维材料的获取，联想则关系到思维的灵活性和力量；活动本身虽不存在智力因素，但活动的顺序则关系到连贯性智力的形成。

第四章　学校教学条件与思维训练

一、导言：方法与环境

形式训练　　所谓的官能心理学与教育界流行的形式训练教学法是同步的。倘若思维是一种独特的心理机制，与观察、记忆、想象以及对于人和事物的常识判断均不相关，那么就应采用为此目的而专门设计的练习活动来训练思维，就如同用特殊训练项目来锻炼臂部肌肉一样。于是，某些科目被冠以有助智力或逻辑发展的优秀科目，拥有先天的训练思维的功能，就像某些专门锻炼臂力的机械那样令人称赞。按照这一理论，思维训练的方法包括启动思维机制并使之对各种题材保持运转的一套操作规程。

思维力　　我们在本书上文中已详细说明，并不存在单一、统一的思维能力，人们是各自通过许多的不同的方式对各种事物进行思维,包括观察、记忆、听闻、阅读,从而引起联想或形成观念,这些联想或观念对现时有用,对将来还会有效。思维训练就是培养这样的好奇心、联想力以及探索和检验的习惯,扩大其使用范围和效率。科目都是有助智力的,只是有助智力发展的快慢高低有所不同。因此,思维训练的方法,就是给每个人提供适应其需求和自身能力的条件,争取持续改善其观察、联想和调研的能力。

因此,教师要解决两个方面的问题。一方面,他需要研究每个学生的特点和习惯;另一方面,他需要研究每个学生习惯性自我表达的能力变好或变坏的条件。他应当认识到方法不仅包括有意识地设计和运用于智力训练的方法,而且还包括无意识运用的因素,即学校的氛围和校务之中能对学生的好奇心、反应力及有条理活动产生影响的因素。一位教师既研究了个人心理活动又研究过学校教学条件对这些心理活动的影响,那么就可以基本上相信自己会找到更具体的适用的教学方法,以期在阅读、地理、代数等特定科目的教学中达到预想的效果。假如教师不了解学生个人的思维能力以及学校环境对这些思维能力的影响,那么他的教学法即使再好也只

_{方法的意义}

能收到短暂的效果，而无助于养成学生深层次的思维习惯。学校环境的影响可分为三大类：（1）学生接触到的其他人的精神状态和思维习惯；（2）学校所授的科目；（3）当前的教育目的和理想。

二、其他人思维习惯的影响

人的本性中都有模仿他人这一特性，从而不难看出，在某人接受思维训练的过程中，其精神状态会受到来自他人思维习惯的深刻影响。榜样比言辞更有力量。一位教师所做的最佳意识活动也许就是注意消除自己未能意识到的或者认为无足轻重的个人特性对学生所产生的影响。对于技术上存在错误的指导方法或者科目，教师应该根据个人教学方法所产生的启示减小上述方法或者科目对学生所产生的危害。

<small>对方法中基本环境要素的反应</small>

然而，将家长或教师这些为人师表者对孩子的影响仅仅归结为模仿，是对智力影响他人的肤浅理解。模仿仅仅是深刻原理的一个例证，这原理就是刺激——反应。教师所做的每一件事以及他做事的方式都会激起学生这样或那样的反应，学生的每一个反应都会对学生的态度

起到这样或那样的作用。甚至连孩子不注意听大人的话，也往往是大人无意识影响而导致的一种反应模式。[1] 教师很少是（甚至完全不是）将学生头脑和科目连接起来的透明媒介。对于青少年来说，教师的个人性格是与科目密切融合在一起的，这些孩子不会将这二者分隔开，甚至不会将二者加以区分。孩子对自己遇到的任何事物的反应都是接近或是避开，他总是在自己自觉或不自觉的情况下，在自己心中对他喜欢或不喜欢、同情或反感的事物加以评论，不仅对教师的言行是如此，对教师所讲授的科目亦是如此。

人们通常普遍承认教师行为对学生的品德和言行、性格和习惯以及社会风度都有影响。但人们却倾向于将思维视为一项孤立功能，这就往往让教师注意不到这样的事实——教师对于学生智力方面的影响同样真实而广泛。教师以及学生都或多或少地关注主要观点，反应方法也或多或少地呆板僵化，对即将发生的事情表现出或多或少的求知欲。教师在这些方面的特点都

教师本人习惯的影响

---

[1] 一个四五岁的孩子听到他妈妈几次叫他回来，都毫不在意。他的同伴问他："你听见你妈妈叫你了吗？"他满不在乎地说："听见了啊，可是她还没有发狂喊叫哩。"——原注

必然地反映于教学法之中。教师在不经意之间形成的言语不严谨、推理不精细、反应缺乏想象力等习惯，都会影响到师生交流的全过程。在这一复杂而又微妙的领域，特别要注意的是以下三点：

按自己的特点判断旁人　多数人并不是很清楚自己的思维习惯有哪些独到之处。他们认为自己的思维方式是理所当然的，并且于无意识之间以它们作为标准来判断旁人的思维过程。由此出现了一个倾向，就是学生的想法与此态度相符者即予以鼓励，而与之相悖者则遭到忽视或不理解。当今世界普遍存在一个现象，就是过高估计理论性科目对于思维训练的价值而忽视实践性科目的这一价值，其部分原因无疑就在于，教师这一行业挑选人才，往往偏重于理论素质，而忽视实际办事能力。在这一基础上挑选出来的教师，自然是按照同样的标准评估学生和科目，鼓励那些生性相近者发展单方面的理论智力，而不重视实干的本能。

教师个人影响力被夸大　教师，尤其是能力较强、素质更好的教师，往往靠自己的个人强项吸引学生学习，用个人的影响力取代课程内容的吸引力，以此激励学生学习。教师从自己的经验中发现，当课程无法吸引学生的注意力时，教师个人的性格往往能起到有效的作用。这样，他就越来越多地利用后者，直至学生与某个科目教师的关系几乎取代了学生与相关科目的关系。在这种情况下，教师的个人影响力会成为学生个人依赖性和软弱性的源泉，导致学生对科目本身的价值不够重视。

> 应独立思考，而不应跟着别人转

教师本人的思维习惯须严加注意和引导，否则，就有可能导致学生屈从于教师的人格魅力而放松对其所应学习科目的研究。学生的主要关注点可能就是如何让自己实现教师对他的期望，而不是全心全意、精力充沛地关注学科问题。学生在考虑"这个答案对不对？"的时候，想的是："这个答案或者这一过程能让教师满意吗？"而不是："这个答案满足了问题内在条件吗？"当然，学生研究教师和同学的个人特点也不是没有价值，但不应该让自己的主要智力问题通过教师肯定答案而定，他们的成功标准也不应该以适应另一个人的要求而定。

三、学业性质的影响

学业一般可分为以下三类：（1）以掌握技能为重点的科目，如阅读、写作、图画、音乐；（2）以掌握知识

> 学业的类型

为重点的科目,即"以获取信息为目的"的学习,如地理和历史;(3)以训练实际操作技术为重点,轻视获取大量信息并要求进行抽象思维、进行"推理"的学科科目,如数学和规范语法。[1]上述每一类科目中,都有容易犯的错误。

抽象变成孤立　　1. 在侧重抽象思维和逻辑思维的科目中,存在一种使智力活动和日常生活孤立开来的危险。教师和学生容易将逻辑思维与日常生活的具体需求割裂开来。抽象思维往往变得与实际生活毫不沾边。最典型的例子是一些专业学者,其著述和言谈都抽象得出奇,他们在自己的专业里以老大自居,却没有解决实际问题的能力,他们主持的研究和教学则完全脱离了生活。

一味重复机械训练　　2. 在主要侧重技能的科目中,存在的危险则正好相反,即人们企图尽可能走捷径以达到目的。这就会让这些科目变成机械性的,而不利于智力的培育。在不考虑精神状态的情况下,在阅读、写作、绘图、实验技巧等方面,需要节省时间和材料,需要做到准确完整、快速敏捷和合乎标准,这些要求都很重要,其本身也都可能

---

[1] 任何一门科目都具备所有这三个方面,例如在算术中,计算、数字读写和速算均为练技能,度量衡为知识,等等。——原注

成为追求的目标。纯粹的模拟仿造，步步指点，机械练习，都可以很快出结果，而对学生的思维能力却造成了负面的影响。学生被指点着做这做那，却不知道其中的道理何在，只知道这样做可以迅速出结果。他每走错一步都有人马上给他纠正，他只是反复做反复练，直到不假思索就能自动完成这些动作。到后来教师才奇怪这个学生为什么阅读时毫无表情，谈问题时说不出所以然。在某些教育信条和实践中，思维训练甚至与肢体训练混为一谈，只是练习而不触及心智甚至引发消极思想，对人的训练只要求其机械地完成动作，这无异于对动物的训练。然而，掌握技能时也应该动用智力，避免机械重复，只有这样才能把这种技能运用得妙笔生花。

3. 在侧重信息量和信息准确度的科目中，也存在着差不多同样的问题。信息与智慧二者之间的区分古已有之，但二者区别需要不断地加以界定。信息是已经获得并贮存起来的知识，而智慧则是运用知识以便获得改善生活的力量。信息仅仅是信息而已，并不意味着特别的智力训练，而智慧恰恰是思维训练的最佳结果。在学校里，积累信息的教学通常都不会达成取得智慧或良好判断力的理想。对于这类教学目的，尤其对于地理这样的

信息与智慧

学科，人们追求的目标似乎是把学生变成所谓的"无用信息大全"。"贪多求全"成了第一要务，而思想培养则退居其次。当然，思维在真空环境之中是不会进行的，实际上，只有在掌握信息的基础上才能进行联想与推理。

然而，到底是为掌握信息而掌握信息，还是将掌握信息视为思维训练的组成部分，这二者是有根本区别的。有人说，不必将信息用于认知和解决问题，只需要将信息积累起来，就可以在今后将它们任意用于思维，这样的说法是完全错误的。只有开动智力而获取的技能才是可供智力随时利用的技能。除了偶然情况以外，只有在思维过程中获取的信息才能用于合乎逻辑的用途。没有读过什么书的人是在实际生活中为解决各种具体问题而获取知识，这样的知识点点滴滴都可得到有效的应用；相反，有些学识渊博的人却往往淹没于他们的浩瀚典籍之中，因为他们获取知识的方式是死记硬背，而不是思考。

四、当前目标和理想的影响

当然，这种无形的条件是与上文中谈过的教育界现状分不开的，因为教育界当前流行的理想做法就是要让学生机械式地掌握现成的技能和数量庞大的信息。然而，我们可以区分某些趋势做法，例如，按照外在的结果来评价教育水平，而不是按照学生个人态度和习惯的培养和发展来进行评判。这种理想化的学生教育与学生得到良好思维习惯相悖，尤其体现在科目教学和德育课堂上。

1. 在教学中，以外在成果为标准的做法表现在人们只重视"答案正确"。人们认为教师最主要的事情就是让学生学会复述课文，这种观念主宰着教师的教学思想，使得教师无法集中注意力去训练学生的思维能力。既然灌输课文被自觉或不自觉地奉为压倒一切的任务，思维训练就成了附带和次要的事了。为什么这一观念如此流行，其实是不难理解的。每个班的学生众多，学生家长和学校当局又要求迅速拿出明显而可见的成果，这些因素都促使教师注重外在成果。这一目标对教师的要求只是了解科目内容，而不是了解学生的需求。科目内容也明确局限于排好版面的课文，而这其实不难掌握。教育若是以提高学生的思维能力和智力水平为目的，就需要教师更加认真备课，需要以同情和明智的态度了解每个学生的思想状况，同时又要十分广泛而灵活地掌握科目内容，从而能在需要的时候选择和运用适当的内容。最

外在成果与心理过程

后还有一点：由于人们以外在成果为目标，学校的管理机制自然也就受到影响，只注意考试、分数、评级和奖惩等。

<small>依赖旁人</small>　　2. 在学生的行为方面，理想的外在表现也有重大影响。要求学生遵守校训校规是最容易的，因为这些规定、规则大多使用机械刻板的标准。我们目前的任务绝不是预测教条式的教学，或者严格遵守习俗、惯例或者上级命令在德育教学中应该持续多久。但是，既然品行问题是生活中最深刻、最常见的问题，如何应对品行问题就会影响到所有其他的精神状态，其影响甚至远远超出直接或有意识的品德考虑范围。的确，每个人最深层面的精神状态是由应对品行问题的方式决定的。在处置这些问题时，倘若思维功能、探索和反思的功能被减小到最低限度，那就难以期待思维习惯对次要问题起到巨大作用。然而，在应对重要品行问题时养成积极探索和深思的习惯，其实最能保证通用心理结构合情合理。

第五章　思维训练的手段和目的：心理与逻辑

一、引言：逻辑的意义

在前面几章，我们已经论述过：（1）思维的定义；（2）思维训练的重要性；（3）思维训练所需自然资源；（4）思维训练在学校教学条件下遇到的若干障碍。现在我们来谈谈逻辑与思维训练的关系。

> 本章的主题

从广义上讲，任何得出结论的思考都称为逻辑，不管所得结论是正确的还是荒谬的，也就是说逻辑一词涵盖了逻辑合理和不符合逻辑以及逻辑不合理等方面。从狭义上讲，逻辑一词仅指根据意义明确的、不证自明的或者曾经被证明正确的前提而得出的必要结论。在这里，逻辑的关键在于论证的严密性。从严格意义上说，只有数学和形式逻辑（也许可视为数学的一个分支）才是合

> 逻辑一词的三种意义

切实有用的意义

乎逻辑的。然而,逻辑一词还有第三层意义,它更加紧要、更切合实际,这层意义就是:要从正负两方面系统地用心,确保思维能在特定条件下,产生最佳的结果。如果我们对"artificial"一词只取它的"经过自愿训练而掌握了专业技能或者艺术"这一含义,而撇开它的"虚假""人为"的贬义,那么,我们就可以说,逻辑是指"artificial"思维。

细心、周全、准确才能合乎逻辑

从这一意义上说,逻辑一词与头脑清醒、思维透彻和仔细思考是同义词,即最佳意义上的思维(见本书第一章第一节)。这样的思维就是从各个不同的方面和角度审视事物,不漏过任何重要之处,就像是看到一块石头,还要把它翻过来看看它朝下的那一面以及其下覆盖的东西。认真思索就是细心端详一个事物,细看细想,下一番功夫。一说到思考,我们就会想到"斟酌""权衡""仔细掂量",就是要考虑到方方面面;加以精心对比而求得平衡。与此密切相关的名词还有"审视""考察""琢磨""检验"等,都是说要密切注意和仔细思索。思考就是要把一些事情和另一些事情联系起来,也就是说要"根据事实进行推理"。和下述事物做类比,数学组合的准确性和确定性会让我们联想到计算、测算、占

第五章 思维训练的手段和目的：心理与逻辑

比,甚至推理一词——即比例。注意、细致、准确、精细、动脑筋、有条理、井然有序,这些都是逻辑的特点,既不同于粗枝大叶和随心所欲,也不同于墨守成规和迂腐学究。

毋庸讳言,教育工作者关心的是这种切合实际的具有重要意义的逻辑。也许需要论据证明智育(不同于德育)在此意义上全部并且只是逻辑,也就是要养成细心、警觉和透彻的思维习惯。认知这一原则的主要困难在于一种错误认知个人的心理倾向与逻辑思维二者关系的观念,如果这样假设,事实上我们也经常这样做,即认为二者在本质上没有任何关系,那么逻辑训练将不可避免地被视为某种来自外界的、施加给个人的东西,因而认为将教育的目的与逻辑思维能力的培养联系在一起是荒谬的。

> 智力教育旨在养成逻辑习性

相当奇怪的是,彼此对立的教育理论都认为个人的心理与逻辑方法和成果这二者之间不存在任何固有的联系。其中一派认为个人的天然本性和功能是首要的和根本的,而天性的趋势不重视纯智力的培育。这一派的箴言是自由、自我表现、发扬个性和自发性,提倡游戏和兴趣、自然成长等。他们不重视有组织的课程和学习材

> 将天性与逻辑相对立

料，认为教育的方法就在于以各种办法刺激和促进个人发扬其天生潜能，按照个人自然的成长循序渐进。

忽视内在的逻辑资源 另一派则高度重视逻辑的价值，但认为个人的天性是嫌恶逻辑，至少是漠视逻辑的。因此这一派强调要依靠课程业已明确和分类的材料，采用各种方法，将逻辑性灌输到人们天性不爱逻辑的头脑之中。这一派的箴言则是强调纪律、教诲、约束、自觉自愿努力，以及强调完成任务的必要性等。按照这一派的观点，在教育中体现逻辑因素的不是态度和习惯，而是学业。只有学习遵守外在科目内容的要求，思想才会有逻辑。为了做到这一点，学业内容应首先加以分析（通过教科书分析或由

将逻辑因素仅限于课程内容 教师进行分析）而形成逻辑元素，然后对每一元素加以界定，最后将所有这些元素按照逻辑公式或一般性原则排成序列或组别。这时，学生逐一学习每一元素的定义，逐步叠加而构成逻辑体系，从而做到逐渐从外部为自己配备逻辑素质。

以地理为例 通过举例，这一描述将变得有意义。假设这一科目是地理。首先是给地理下定义，使之区别于其他学科。然后列出地理学科学发展所依据的一些抽象名词，然后一一进行定义，例如地极、赤道、黄道、地带；定义顺

序从简单的事物到由其发展而来的复杂事物；然后一些更加具体的元素也排成类似序列，这包括：洲、岛、岸、岬、角、地峡、半岛、洋、湖、海湾等。据认为，学生掌握了这些材料，不仅获得了重要的信息，而且让自己的思想适应于这些现成的逻辑定义、概括和分类，从而逐渐掌握了逻辑习惯。

这种方法已应用于学校讲授的所有科目，如阅读、写作、音乐、物理、语法、数学。以绘画课为例，该课程基于这样的理论，即所有的图形均由直线和曲线构成，最简单的教学程序就是首先让学生学会画各种直线（包括平行线、垂直线以及不同角度的对角线），再学会画各种典型的曲线，最后将直线和曲线按照不同的排列组合起来，形成实际的图像。这似乎提供了理想的"逻辑"方法，首先通过将事物分解成各种元素，然后按照常规序列形成更加复杂的综合体，此时每一元素在使用时均得到了界定，因而可以被清晰地理解。

图画一例

即便是没有遵循这种极端形式的做法，学校，尤其是中学以及小学的高年级，也几乎都是过分注重表面形式，据认为，学生要想取得合乎逻辑的结果，应该使用这样的形式。人们认为，某些步骤按照一定顺序排列后，

形式方法

就能卓越地表达出对某一科目的理解。因而，我们要求学生"分析"掌握这些步骤的程序，即学习一套有关陈述的固定模式。尽管这种方法最常用于语法和算术，但同时也渗入了历史乃至文学科目教学；在智力训练的托词下，它也被归结成为"纲要"、图表以及分类、再分类方案。在复述和模仿成年人统一枯燥的逻辑系统时，孩子一般会抛弃其原本细腻重要的逻辑思维方式。这种给予错误理念的逻辑教学法让"教学法"背上了坏名声，对于许多人而言，"教学法"就是用一套机械死板、以自我意识为中心的方法，它需要个人思维活动强壮的外部模式来取代。

这类自称为"逻辑"的做法造成的不良后果必然引起学生们的反感。其学习兴趣下降，日常表现漫不经心、拖拖拉拉，对知识应用明显反感，勉强死记硬背书本知识，有时自己也不知所云，凡此种种都说明这一套逻辑定义、分类、分级和系统理论实际上并不像它所说的那样起了良好作用。相反，接下来，它和所有的反应一样，走向了另一个极端。"逻辑"被认为完全是人为的和附加的，教师和学生都对其不屑一顾，转而专注于呈现各自现有的禀性和爱好。强调以个人自然的性格倾向和能力

第五章　思维训练的手段和目的：心理与逻辑

作为唯一可能的发展起点，确实是有益的。但上述反应却是错误的、存在误导的，因为它忽视和否认了重要的一点，即存在于现有的能力和兴趣之中的真实智力因素。

人们通常所说的逻辑（就是从教学课程角度所说的逻辑），实际上是指成年人的受过训练的思维逻辑，即能够分解一个主题，界定它的各个元素，再按照一般原则将它们加以分类的能力，而该能力是经过了深入思维训练之后所掌握的逻辑能力。习惯于如此分类、定义、综合、概述之后，就不需要再接受逻辑方法训练了。然而，如果以为人们不经过逻辑训练就没有逻辑思维能力，那是荒谬的。教学课程上所说的逻辑是指思维训练所要最后达到的目标，而不是出发点。

> 逻辑课所讲的是经过训练的成年人思维逻辑

实际上，一个人的每个发展阶段都有自己的逻辑。有人以为，自发的思维倾向无逻辑可言，而且是错误的，他们没有看到，即便在一个小学生的生活中，好奇、推理、实验和检测就已经起了重大作用。这种错误的看法低估了智力因素在个人自发性思维和活动中所起到的作用，因为这种智力因素已经很有教育意义。一位教师只要用心观察正常儿童思维模式所起到的自然而然的作用，就不难看出逻辑并非仅限于逻辑课程中所讲述的内容，

> 未成年人的思维也有自己的逻辑

不难看出思维教育的真正问题在于将自发的思维能力转化为经受检验的专业思维能力,将或多或少偶然出现的好奇心和零散的联想转化为时刻警觉的、小心谨慎且始终连贯的探索。他会看到,心理和逻辑并非彼此对立、彼此独立,而是正常成长过程之中的前后两个阶段。自然的或者说心理上的思维活动,即使没有自觉地接受逻辑训练,也仍然具有自己的智力功能和健全性;而在获得了自觉的、有意识的思维技巧之后,这种思维技巧就成为习惯性的或者第二天性的。前者已经具有逻辑精神,而后者依然具备着固有的习性和态度,仍然属于个人的心理活动,这一点跟个人一时的冲动或随想并无区别。

二、思维训练与自由

对训练的正确和错误看法　因此,思维的训练实际上是结果,而不是原因。任何人的思维都是在某种学科中加以训练的,而这种科目将赋予其独立主动的智力思考和控制。展现原始自然天赋的训练通过逐步的锻炼就会变成有效的力量。只要思维得到训练,得到了控制某种特定科目的学习方法,那么无须来自外界的指导,思维便能够独立地自我运行。

第五章 思维训练的手段和目的：心理与逻辑

教育的目的就是发展这种独立的、有效的智力——经过训练的思维。这种训练是积极的、有建设性的。

然而，人们通常将训练视为负面因素，它迫使思想痛苦地偏离原本和谐的轨道，使其受到某种限制，这在初始阶段是一种难以忍受的过程，但是对于将来来说，却或多或少地构成了必要的准备工作。训练通常被等同于磨炼，而磨炼通常被机械地类比成通过不断锤打，将一种物质强行融入另一种拒绝此类操作的物质当中；或是类似军训将新兵训练成举动和习惯都合乎要求的好兵。但是后一种训练，不论是否可以称为思维的训练，都不算是智力训练。它的目的并不在于获得良好的思维习惯，而在于取得整齐划一的外在行动模式。许多教师没有弄明白思维的训练是什么，以为它应该旨在培养学生的智力和思维效率，可是他们所采用的方法却是限制和压抑学生的思维活动，使其形成机械死板的思维模式或者心理上的被动和屈从。

> 将训练视为磨炼

当我们从智力角度认识训练时（将训练视为有效智力活动的习惯性力量），训练的真实内涵就等同于自由。智力上的自由并不是不受阻碍的外在行动，而是能够进行独立思考，能够从盲从别人引导的怪圈中解放出来的

> 将训练视为独立力量或自由

自由与外在的自发性

思维力量。思维的自发性或自然性往往是指偶然出现的、一时的念头，因此教育工作者往往采取种种办法促使学生的思维自发性得以继续下去。这包括提供各种各样的有趣的材料、设备、工具和活动模式，促使学生的个性表现不致萎缩。这种做法忽视了达到真正自由所必须具备的若干条件。

思维所需要的障碍

1. 一种冲动的、直接的、即时的释放或表现是思维必不可少的。当这一冲动在某种程度上受到抑制或反弹时，才会出现反思性思维。若是以为必须从外部布置任意性的任务，才能提供思维所必需的困惑和困难因素，那就是愚蠢的错误。凡是具有一定深度和广度的、有活力的活动，在其努力自我实现的过程之中，都必然会遇到障碍——因此，再寻找人为的或外部的问题就完全是多余的。对于经历发展内部呈现出来的困难，则应受到教育工作者的重视，因为这些困难正是引起深思的天然刺激因素。自由并不是让外在的活动保持畅通无阻，而是在于通过个人内在的思索，找到一条出路，来摆脱阻碍其自发思绪顺畅的困难。

智力因素是自然的

2. 只强调心理和自然因素，但却忽视了如果自然倾向在每一成长阶段都是由好奇心、推理及尝试的愿望构成的，是不可能保障其自然发展的。在自然成长过程中，每一个连续活动阶段都不自觉地、彻底地为下一个阶段的成熟表现准备条件——如同植物生长的周期一样。没有证据支持"思维"是一种独特的、孤立的自然倾向，这种倾向在适当的时节会不可避免地爆发，仅仅因为各种感官和肌肉活动之前被自由地表现了出来，或者说只是因为观察、记忆、想象和动手能力已经在之前缺乏思考的前提下实施了。只有在使用感官和肌肉指导和应用观察以及运动时不断地运用思维，才会为更高阶段的思维活动打好基础。

现在流行一种看法，说童年是几乎完全没有反思性思维的，在童年阶段只有感官、肌肉以及记忆力的成长，而到了青春期才突然呈现出思维和理智。

> 思维与人的任何智力活动同时开始出现

然而，青春期绝不是魔法的同义词。当然，青春期会扩大童年时期的见识，会对引起更大关注的事件和问题表现出怀疑态度，会对自然和社会生活采取更宽更广的视点。这一发展会让人们有机会发展比童年时期更加全面和抽象的思维。可是思维本身仍然如前，是追随生活中的所见所闻和诸多感受，并检测由此联想到的结论。思维在婴儿时就已经开始，婴儿玩的球丢了，他就会想到尚不存在的事情，就是要把球捡回来，会预见到怎样实现这一可能的步骤，以自己的想法指引自己的下一步行为，通过实验检验自己的想法是否正确。童年时期就有思维的积极活动，只有充分发扬这一思维要素，到了青春期才会有出色的思考能力，并随着年龄增长而进一步发扬这一能力。

> 改正不良的思维习惯

3. 不管怎样，良好的思维习惯正在慢慢形成。如果没有养成仔细查看事物的习惯，就只会行事匆匆、粗心大意、急躁粗率；如果没有养成连续追踪联想的习惯，就只会随意地进行跳跃式的猜想；如果没有养成暂时搁置判断，转而通过实验检测推理的习惯，就只会时而轻易相信，时而轻率怀疑；即在这两种情况下，某人会根据一时奇想、某种情绪或者意外情况，时而决定相信时而决定不信。唯一能够获取仔细、深刻和持续的思维特性的方法（特性，如我们所见，是指"逻辑"的组成要素），就是从一开始便注重这些特性的训练，并在环境需要时，保证呈现前述特性。

> 真正的自由在于思想自由而不在于身体自由

总之，真正的自由在于思想的自由，在于训练有素的思维能力，使之能够遇事时周密思考，下决心前要仔细想想所需要的根据是否齐全；若不齐全，应如何继续搜寻。若不是深思熟虑才采取行动,那就会让自己听命于心血来潮,行为或是轻率鲁莽,或是随波逐流、听天由命。若是从外部创造条件让人无忧无虑,不动脑筋,反而会害了此人,让其听从欲望、感觉和环境的摆布。

第二部分 逻辑的探讨

第六章　完整思维行为的分析

我们在本书第一章简略讨论了反思性思维的性质，在第二章又谈了思维训练的必要性。接着我们谈了思维训练所需要的自然资源、所需面对的困难和训练的目的。这些讨论的目的在于向学生呈现思维训练中的一般性问题。现在我们将要进入本书的第二部分，目的在于较为充分地说明思维的性质及其正常情况下的成长与发展，并为讨论本书最后一部分，即思维教育将会遇到的一些特殊问题做好准备。

<small>第二部分的目的</small>

在本章，我们将分析思维过程的各个步骤或基本组成部分，分析所用的材料都是极其简单但却真实的反思性思维经历。[1]

"几天前，我在市中心第16大街时，注意到了一座时钟。我看到钟上的指针指向12点20分。这时我想，1

<small>实际思维的一个事例</small>

---

[1] 这几篇材料基本上都是我一字不差地录自学生们的课堂作业。——原注

点钟的时候,我在第124大街有一个约会。我开始琢磨时间问题:我乘坐路面车辆来到这里花费了一个小时的时间,如果再以同样的方式回去的话,那么我就很可能迟到20分钟。坐直达地铁也许会省下20分钟。可是这附近有地铁站吗?如果附近没有,那么寻找最近的地铁站就会花费我20分钟的时间。我又想到了高架铁路,并且看到了两个街区以内有高架铁路线。但车站呢?假如需要往北或往南再走上几个街区才能找到高架铁路车站,那么我就省不下时间,反而会耽误时间。我回头想地铁,它比高架铁路快,我还想起来有一个地铁站靠近我要去的位于第124大街的约会地点,那样的话,当路程结束的时候,我就可以省下很多时间。于是我决定坐地铁,最后果然在1点钟到达了我的目的地。"

> 根据现实进行思索的一例

"每天乘坐渡船过河的时候,渡船甲板上方伸出一根白色长杆,其在水面上的投影几乎呈水平状态,长杆顶端还有一个镀金的圆球。我第一次见到它,觉得它像一根旗杆:它的颜色、形状和杆顶的镀金圆球都证明了它就是旗杆,这样的推理似乎证明了我的信念是有道理的。但很快这种推理就遇到了困难。旗杆通常是竖立的,而它却横着,几乎呈水平状态。而且,横杆没有配备滑轮、轮圈和绳索。最后,在旗帜飘扬的旗杆旁边,还应有两名旗手挺直站立。因此,该横杆很有可能不是旗杆。

"这时,我开始联想有关横杆用途的种种可能。(1)它会不会是装饰品?可是所有的渡船和拖船都有类似的杆子,因而它不像是装饰品。(2)会不会是无线电天线杆?但进一步想想,这种可能又被否定。天线杆合适的位置应该是船舶最高处,即驾驶室顶端。(3)那么,它会不会被用来导航船只航向?

"为了支持这一结论,我发现该横杆位置是在驾驶室前下方,因而舵手能清楚地看到它。而且,横杆根部低顶部高,因此以舵手的视角沿着此横杆望去,可以看到船舶正前方很远的地方。因为舵手处于整个船只最前方,因而可以通过横杆掌握船只航向。这种假设比其他假设更有道理,所以我接受了这个结论:即这根长杆是用来指示航向的,它有助于舵手正确掌舵。"

"我用热的肥皂水清洗玻璃杯,再将杯口朝下放置在盘子上,出现在杯口外沿的泡沫会钻进杯口里面。这是为什么?气泡表明有空气存在,我觉得那空气一定来自玻璃杯内部。盘子上的肥皂水阻挡杯内空气的出路,

伴有实验的反思性思维事例

所以冒起了气泡。但空气为什么会从玻璃杯内排出呢？并没有什么设备在杯内排挤空气。空气一定是膨胀了。热度升高或压力增大，或二者同时发生，空气就会膨胀。玻璃杯从热泡沫水中取出后，空气就会变热吗？显然不是已经溶入水中的空气。如果原因是热空气，那一定是把杯子从肥皂水中取出并放到盘子上时进入到杯内的空气。为了检测这个想法正确与否，我又从水中取出了几个杯子。有的杯子取出时，我把它们晃了几下，保证杯内进了冷空气。有的杯子取出时，我小心地让杯口朝下使冷空气无法进入。前几个杯口都出现了气泡，而后几个则没有。所以我的推理一定是正确的。冷空气进入热杯子就膨胀了，所以在杯口外沿冒起了气泡。

"可是气泡为什么又会进到杯子里面？是热胀之后，又冷缩了吗？杯子凉了，里面的空气随即也就凉了，因而杯里张力消失了，所以杯子里面就冒起了气泡。为了弄清楚这一点，我在杯子刚刚被取出、里面还留有余热、杯外冒气泡的时候，用小杯子盛装冰块并将其放在大杯顶端。很快，气泡就从里面冒了出来。"

我们有意选出以上三个事例，使之形成一个系列，是由简到繁地展现了反思性思维的过程。第一个事例是

第六章　完整思维行为的分析

每个人在日常生活中都会进行的思维，在该思维过程中，无论是思维内容还是思维方式，都无法逃脱日常经历范围。而第三个事例则比较复杂。无论是要解决的问题还是所使用的解决办法，都只可能发生在受过科学训练的人身上。第二个例子是思维的一种自然转变，其思维内容是日常生活中常见的，思维者也不需要接受什么专业训练。然而这一问题与他的日常生活并没有直接关系，而是间接源于某人的活动，并相应地诉诸某种理论上的帮助及不以心情为导向的兴趣影响。在本书下文中我们将会谈到从比较实际和直接的感触引发抽象思维的问题。在这里，我们只谈谈各类思维中通常共有的元素。

> 三个事例形成一个系列

仔细查看上述三个事例就能看出，它们都多多少少包含逻辑上的五个不同步骤：（1）感受到的困难，难题；（2）对它进行定位和定义；（3）想到可能的答案或解决办法；（4）对联想到的结果进行推理；（5）通过进一步观察和实验肯定或否定自己先前得出的结论，即树立信念或放弃信念。

1. 上述的第一个和第二个步骤往往结合在一起。感知困难时便已经对其进行了确切的认识，而且同时调整思维对最有可能的解决办法进行思考，或许刚开始人们

> 1. 困难出现

会感到一些无法捉摸的不安、惊讶，可是这些情绪最终只会引导人们进行切实的尝试以便解决问题。不论这两个步骤是存在差别的还是混杂不清的，我们上文中已提出的反思性思维的起因都是存在的，即存在困惑或问题。在上述的第一个事例中，困难在于现时的处境与自己想要达到的目的或结果二者之间的距离，或者说冲突，即目的与手段之间出现了问题。目的是在特定时间赶赴约会，而从现时所在的位置如何做到准时赴约，需费力思考解决方案。现时的处境是无法改变的，时间也不会倒退，第16大街与第124大街之间的距离更不会缩短。要通过思维找到一种解决办法，使其能在现时的处境中圆满达成自己的目标。

> ① 困难在于用什么手段达到目的

在上述的第二个事例中，困难在于自己最初想到的和暂时持有的信念（以为那根杆子是旗杆）与其他事实不相符。现在假定用三个字母 a、b、c 来代表旗杆的特性，用另三个字母 p、q、r 来代表与旗杆不相符的特性。这两方面的特性原本并不矛盾，但出现在同一事物上就无法相容了。这时就需要通过思维，发现这两方面的特性如何统一于同一物体上。这就需要想到它们之间的一些特性（用字母 d、g、l、o 来代表的驾驶室的位置、船头

> ② 困难在于识别事物的性质

第六章 完整思维行为的分析

长杆的位置、方位以及需要有标杆显示的航向），使得两方面的特性结合到一起。

在上述第三个事例中，观察者本来习惯于自然法则和规则性，却发现气泡在杯口外沿和内沿的冒法很奇怪或者很异常。思维要解决的问题是如何从这些表面看似不寻常的情况还原为明确的法则能解释的例子。解决问题的方法也是在这二者之间找出将其联系起来的中间项。

③困难在于解释未曾料想到的情况

2. 如前所述，在前两个步骤中，人们首先感受到矛盾或困难，接着通过观察界定困难的特点，在给定的实例中，二者被结合了起来。但在遇到格外新奇或格外令人困惑的事情时，最初感受到的困难形式是惊讶，如同情感上的波动一样，对于意料之外的、古怪的、奇怪的、有趣的或者令人不安的事情还没建立起明确的认识。在这种情况下，就需要进行必要的、周密的观察，揭露困惑所在或者弄清问题的具体特点。从较为宽泛的角度考虑，这一步骤存在与否，关系到了反思性思维恰当与否，是严谨推理还是随意思索。若是不经过一番苦心来判明困难的特点，那么对解决困难的联想就或多或少是随心任意的。设想一个医生给一个病人治病。病人会首先诉

2. 弄清困难的特点

说自己有何不适,医生凭借经验还会查看病人身上的另一些征候。这时这名医生会联想到某种疾病,然而他若是不做进一步检查就过早得出结论,就太缺乏认真负责的职业精神了。判断一位医生是否能干,很重要的一点就是看他是不是会防止自己先入为主,甚至是有意地防止自己过早地形成明显的看法,是不是一定要经过仔细周到的检查之后,才查明病情,弄清疾病的特点,进而得出结论。只有如此做才称得上是诊断。在遇到任何复杂和新奇的情况时,都应当如此,以便防止草率得出结论。审慎思维的实质不是急于做出判断,而是先要查清问题的性质,然后再考虑解决问题的办法。这首先就是将推测变成检验过后的推理,将最初的联想变成经过证明的结论。

3. 联想到的可能的情况

3. 第三个因素是联想。当一个问题出现时,让人感到困惑的情况会要求人们想到某些并不在眼前的事物。例如在第一个事例中,"我"从现时处境想到了地铁和高架铁路;在第二个事例中,"我"从旗杆印象想到装饰杆和无线电杆;而在第三个事例中,"我"从肥皂水气泡想到空气的热胀冷缩。(1)联想是推论的核心。它从现有的事物想到缺失的事物。因此,它或多或少带有投机色彩、具有冒险性。因为推测要越过呈现于眼前的事物，因此它是思维的跳跃；不论事先采取了什么样的措施，都无法预先绝对保证它的正确性。控制联想的因素是间接的，一方面它包括良好思维习惯的养成，既积极进取又谨慎小心，另一方面它也包括联想时所感知的特定事实的选择和排列。（2）联想到并试探性地为人们所接纳的结论还只是一种想法，还未被人们完全接受；其同义词包括假定、推测、猜想、假设命题，在详尽描述的例子中还可以称之为理论。在悬而未决的信念或者推迟接受的最终结论得到进一步证据证明之前，其可部分地依靠对立推测来决定最佳求证方法或者依靠可能性最大的解释，因此，用心养成若干不同的可替换联想方式，是养成良好思维的一个重要因素。

4. 对问题有任何想法时，需要进一步思索它的内涵——用比较专业的话来说，就是要思考它的内涵——这一过程就称之为推理。从一定的事实推论出一定的想法后，就要对这一想法加以推理。在上述第一个事例中，当想到高架铁路后，就要进行进一步思索，想到寻找高架铁路车站会遇到困难，走到车站也会耗费时间，下车后走到目的地又需要时间。在第二个事例中，

4. 推理过程

想到横杆是旗杆之后，进一步想到旗杆应是直立的；想到天线之后，又想到天线应该安装在船舶最高处；想到装饰品之后，又想到其他船只都配有这种横杆；最后想到横杆指示航向的作用，才觉得合乎情理。

  推理对于联想的解决方案所起到的作用类似于更加细致广泛的观察对解决原始问题的作用。更加透彻地查看问题有助于阻止人们接受初始形态的联想。一眼就得出的推测在仔细推敲以后往往是不恰当的，甚至是荒谬的。即使是一种推测经过推理以后仍然站得住脚，这一推理过程也会使它变得更加贴切、更为合适。例如，在上述第二个事例中，想到指向杆以后，再琢磨推理，就得到自己满意的答案了。有时，最初看似可能性微乎其微的推测，在反复思量过后，反而被证明是恰当的、真正能解决问题的答案。通过推理，可以将最初显得似乎不相关的两个极端连接成为一个整体。

5. 证实一看法而得出一信念

  5. 最后做出结论的步骤，就是对推测到的观点进行实验性确证或者确认。推理显示，如果某观点被予以采纳，某些结果就会随之而来。到目前为止，该结论还处于假设或者依据条件予以接受状态。如果我们目前搜寻并且发现了该理论所需所有条件，而且如果我们发现了相反选择中缺少并需要的典型特点，那么相信并且接受该理论几乎就不受阻碍。有时候，通过直接观察即可完成这一证实过程，上述第二个事例即是如此。而上述第三个事例（冒气泡）则表明，有时候还需要做实验加以证明，即按照自己的假设布置相应的条件，看看自己在理论上推出的结果是否会真正实现。若是实验的结果与自己理论上推断出的结果相符，就证明在一定条件下会产生这样的结果，随即即可表明这一见解得到了证实，可以得出结论——至少在相反的事实要求修正这一结论之前是如此。

在整个过程的开始和结尾，都要进行观察。在开始，要通过观察弄清问题或困难的性质；而在结尾，则要通过观察检验自己推理得出的结论是否正确。在这两头之间，则需动脑筋思索，先是推测、联想出可能的解释或解决办法，然后进行推理，弄清上述见解的意义和内涵。推理要求进行一定的实验性观察以求得证实，但只有在初步推理得出的见解基础之上进行实验，该实验才会经济实惠且富有成果。

<small>头尾观察，中间思索</small>

思维训练的目的就在于养成逻辑思维的习惯，能在任何情况下准确判断上述每一步骤该走多远以及如何恰

> 思维训练要能适当完成上述各步骤

当地完成。养成良好思维习惯的过程中,绝对没有固定的规则可遵循。因为情况各不相同、偏重不同、长短各异。在同一情况下想得太多是愚蠢,不合逻辑;而在另一个情况下则相反,考虑不周就会犯错误。在一个极端,需要迅速下结论,处置宜早不宜迟;而在另一个极端,则应该经过长期斟酌才下决心,甚至要将某事搁置一生之久再行定夺。训练有素的思维应是能恰到好处地完成每一情况所需的观察、联想、推理和实验性检验活动,除此之外,还要学会善于吸取教训。重要的是,应使思维对问题敏感,做到触发思维和解决问题均熟习老练。

第七章　系统推理：归纳和演绎

一、思维的双向运动

我们已经看到思维特有的结果，即按照事物本来面貌，将一些本来孤立的、零碎的、不一致的事实和情况组织起来，实现组织事物的办法就是引入一些连接环节，即逻辑学中所说的中项。那些本来存在的事实构成了数据，即可供反思性思维思考的原材料，它们缺少连续性，使反思性思维感到困惑，同时也激发反思性思维进行思考。随后，具有某种意义的联想如果能够得到证实就会发挥作用，将那些零碎的、看似互不相容的信息各自归位，构成一个整体。联想到的意义提供了一处思维的平台，一种聪明的观点，通过该意义能够更加仔细地注意、界定那些数据，进行更多的观察，并通过实验组织变更条件。

_{在事实和内涵之间来回思索}

归纳和演绎　　因此,思维表现为双向运动:从一些给定的部分凌乱的数据,联想到综合的(或包含的)整体情况;再从这一整体(一定的内涵和外延的意义,一种看法)回过头来思索那些具体的事实,使它们互相连接,包括与留心联想到的事实相连接。简单地说,前一思维运动是归纳,后一思维运动是演绎。一次完整的思维包含着这两种运动,即包含着观察到的(或回想到的)一些特定的思考与综合、深远的总体思虑之间的有成果的互动。

匆忙与审慎　　然而思维的这种来回运动既可能是随意的和未加严密思索的,也可能是严谨和精心安排的。无论如何,思维意味着弥补经验中的差距,将本来互相隔开的事实或情况连接到一起。但是,我们可能只是匆忙从一点考虑跳跃到另一点考虑,避免多伤脑筋;也可能坚持细想走过的路以建立起联系。总之,我们可能愿意接受任何一种似乎看似合理的联想;也可能要仔细搜寻更多的因素,找出新的困难,推敲已推测到的结论是否能真正解决问题。后一种做法包括明确形成连接的环节,提出一条信念,逻辑学术语称作使用一个全称命题。这样,如果我们明确表述出整个情况,原先的数据就变成推理的前提;最后的信念则是逻辑的或者说理性的结论,而不只是一

第七章　系统推理：归纳和演绎

个事实上的结束。

　　将孤立的事物连接成一个连贯的、单一的整体之所以重要就体现在暗示前提与结论之间关系的所有阶段当中：（1）前提被称为结论的根据、依据和基础，前提构成、支撑和支持结论的得出。（2）我们从前提"得出"到结论，也从结论"推导出"前提，恰如我们可沿着江河源头追溯到其入海口所在位置，也可从入海口追溯到其源头所在位置一样。所以结论源于、来自或者取自前提。（3）结论一词本身就表明它是将前提中列出的各种不同因素归结、总结、连结起来的。我们说前提"包含"结论，结论也"包含"前提，因此突出了我们感官的包容性和综合性，以及与推理特性紧紧相连的特质。[1] 总之，系统推理意味着，承认原先无组织和无联系的一些想法（思考）之间存在着一定程度的相互依存关系，而这一承认源于对新的事实和属性的发现与增添。

前提与结论：关系的连续性

　　然而，如同思维简单的双向运动一样，这种较为系统的思维也包含着通向联想或假说的运动以及回归事实

科学的归纳和演绎

---

[1] 见瓦拉蒂《哲学、心理学与科学方法论》(*Journal of Philosophy, Psychology, and Scientific Methods*)，第五卷，第12页。——原注

的运动。区别在于，这一过程的每一个阶段都完成得更加小心谨慎。必须符合一定条件才可提出和进行联想。不可以匆匆忙忙就接受那种看似有理、看似能解决问题的想法；这些想法必须符合一定的条件，而且经得住进一步的探究。这种想法只是作为一种"工作假说"，用以指引调查和发现新的事实，而不是作为最后的结论。当思维运动的每一步都仔细地进行，而且尽可能做到步骤准确无误时，走向建立观念的运动就称之为归纳性发现（简称归纳）；而走向展现、应用和检验的运动则称之为演绎性证明（简称演绎）。

特殊命题和全称命题　归纳是从零碎细节（或者称为特殊命题）走向针对某种情况的连贯观点（或者称为全称命题）；而演绎则是从全称命题走向特殊命题，并将这些特殊命题联结在一起。归纳性运动是要发现能起联结作用的基本信念；而演绎性运动则是要检验这一基本信念，即检验它能不能统一解释孤立的细节，从而在此基础上将它予以肯定或否定或修正，从而形成统一的体验。我们在完成每一个思维的过程中，都会考虑到另一思维过程，使之彼此参照，以便得到有效的发现或者得到经过验证的重要思维。

现在用一个普通的事例来进一步说明这一道理。一

第七章 系统推理：归纳和演绎

个人出门时，他的房间是整整齐齐的，可是他回来后发现房间一片混乱，东西凌乱地散落一地。他立刻想到，可能有窃贼进过房间。虽然他不曾亲眼看见小偷，家里被盗不是通过观察得出的事实，而只是一种思考、一个观点。而且，在他脑中也没有特定的盗贼形象；是关联性，是有关盗窃行为的一般形象浮现在了他的脑海中。他从房间里的物品状态得到感知，而且其情况是具体的、确定的、确实的；可是房间遭到盗窃则是通过推测得知的，具有一般性质。房间状况是事实，是确定的、不言而喻的；而出现盗贼是内涵，可能对事实做出解释。

一个日常生活中的事例

截至目前，他只是根据眼前的事实进行推想，该推想是一种归纳性思维。这种归纳性思维还让他想到这也可能是他的顽皮的孩子们干的。这是另一种可能的解释，另一个假说，因此他一时之间还难以得出定论，而是需要进行判断。

归纳

这时，演绎思维开始运作了。在已有联想的基础上，需要做进一步的观察、回忆和推理。他想，如果这真是盗贼做的，就应该同时发生其他相关的事件，他的一些值钱的东西就会丢失。这样，他的思维就是从一般性推理转向具体事实推理，但不是回到原先的特殊命题

演绎

(那将是无果的,只是在做无用功而已),而是转向新的特称命题,即新的细节,发现或者漠视这些细节将对检查具有一定规律的事件起到作用。他转向放有值钱物品的箱子,看到其中一些物品不见了,但是其他物品还在。也许那些不见的物品是他自己移动的,只是他已经不记得了。因此,这一检验没有解决任何问题。这时,他想到了壁柜里的一套银质餐具,因为孩子们是不会移动它们的,他本人也不会漫不经心地挪走它们。于是,他打开壁柜查看,发现所有银质餐具都没有了。于是,房间进过盗贼的猜想被确认了。他又查看了门和窗,门窗有撬损的痕迹。入室盗窃的猜想进一步得到证实,原本孤立的事实汇集成了彼此连贯的整体。如果联想是正确的,最初联想(归纳)的想法被用来对确定的、但却未曾经历的额外细节进行推理假设。紧接着新的观察显示,理论上需要的细节信息出现了,也因此,该假设过程得到了巩固和证实。思维是在观察到的事实和假设观点之间来回运动,直到原先一些不相关联的细节构成了对事物连贯的体验;若不是这样,那就说明整个思维过程没有取得成功。

学术界也用事例阐述了类似的态度和行动,只是阐述得更加仔细、精确和透彻。这样下过一番功夫之后，就出现了专业化分类，即针对各种不同类型的问题加以明确区分，针对各类型问题相关联的材料加以分类。本章下文中将讨论学术界正在进行的发现、展示和检验内涵外延的手法。

二、归纳性思维运动的引导

控制联想形成的过程必然是间接的、是不完善的。因为所有发现和理解都涉及了新的思维，都是从已知的、现有的事物走向未知的、缺失的事物，因此不可能有什么规则能保证推理正确。一个人在某种情况下会产生什么样的想法，这取决于他的素质（独创能力，天分）、性情、主要兴趣之所在、阅历、早期所处的环境、过去经历的主要内容、专业知识、近期显著并持续思考的事情，等等。在一定程度上，这还取决于当时当地各种情况的偶然组合。这些因素主要存在于过去或是外部，因此显然是无法调控的。一种联想可能只是简单地出现了或者没有出现；这种或者那种联想只是发生了、出现了、涌现了。但是，先前的经验和培训已经演化成了一种态度，

引导是间接的

使之在怀疑的状态下保持耐心,这是一种搁置判断的能力,而喜好探寻、间接控制联想过程的做法是不可能的。个人对于产生联想的那些事实可以加以重新审视、修正、陈述、放大和分析。从技术上讲,归纳方法与调控观察、记忆以及接受他人证词(即提供新数据的行动)所需的条件存在关联。

间接调控方法 现在假定一方面存在事实 A、B、C、D,而另一方面存在个人的某些习惯,联想在此情况下将自然而然地产生。但是,如果事实 A、B、C、D 经过仔细审查而演变成事实 A′、B″、R、S,由此产生的联想自然就与原先不同。要查清事实,准确地和缜密地看清它们的特性,将那些模糊不清的事实加以放大,将那些炫目耀眼且分散注意力的事实加以压缩,正是用这样的办法来修饰那些引发联想的事实,从而间接地引导联想推理的形成。

医生诊病一例 试以医生进行诊断为例来说明这一归纳过程。有科学头脑的医生不会只看病人的表面症状就匆忙得出诊断结论。病人的一些症状很像伤寒,但他会避免草率地得出这一结论,甚至避免相关的强烈联想,而是首先努力从许多其他方面扩大他已经掌握的数据,再用心审视。他不但要问病人感觉如何和发病前的活动情况,而且还

第七章 系统推理：归纳和演绎

要亲手触摸（包括使用专门工具），查看病人自己未能完全感受到的事实。他要准确了解病人的体温、呼吸和心率，记录其变化。他一定要用种种办法更加广泛细致地掌握病人情况，然后才会加以归纳。

简言之，科学归纳意味着，所有观察和积累数据的过程均会受到调节，着眼于促进说明性理念和理论的形成。这些手法均应致力于选择那些能为联想或观念的形成提供有分量、有内涵依据的确凿事实。具体说来，这一选择过程包括：(1) 通过分析，排除那些很可能造成误导且毫不相干的事实；(2) 收集情况并加以对照，突出重要的事情；(3) 通过实验变量，慎重构建资讯。

科学的归纳

1. 人们常说，要学会区分观察到的事实和基于该事实而做出的判断。实事求是地说，这样的建议无法执行；对于每件观察到的事物，如果该事物有任何内涵，就可以用感知到的或者事实上呈现的事物对其内涵加以巩固。如果将这一内涵除去，那么剩下的事物便变得空洞无物。当 A 说："我看到了我的兄弟。"这里的"兄弟"指无法为人们感知或者观察到的关系，是对状态的推理。如果他这句话改成"我看见了一个人"，这种分类因素、这种智力推理并不复杂，但是仍然存在。这句话若是进一

排除不相干的意义

步改为"我看见了有颜色的东西",则其体现了某种更为初步、更不明确却仍然存在的关系。从理论上说,这种"有颜色的东西"甚至可能根本不存在,而只是视觉神经的错觉。然而,学会将观察到的事物与推理而来的观念加以区分,仍然有着重要的实际意义。这就是说,有的推理若是根据经验来看,极有可能是错误的,应予以排除。在通常情况下,一个人说"我看到了我的兄弟"是不必加以简化的,不必将"我的兄弟"简化为"一个人"或者其他事物。然而,一个人说"我看见了有颜色的东西",就成了真正的问题。这"东西"可能存在,也可能不存在,是视觉神经受刺激而产生的错觉(例如受打击时"两眼直冒金星")或是血液循环紊乱造成的错觉。有科学思维的人懂得,若是自己遇事就下判断,就有可能在匆忙之间犯下错误,因此,一定要对此保持警惕,防止自己的习惯和先入之见的观念导致得出错误的结论。

下结论的要领　　因此,科学探索的要领包括排除过于草率的"解读"内涵的程序;而其方式方法旨在针对待解数据给出纯粹"客观"的、毫无偏见的解释。面颊发红通常意味着体温升高,脸色苍白则通常意味着体温降低。使用医用体温计可自动测出实际体温,因此能够检验某个特例

第七章　系统推理：归纳和演绎

中习惯性联想可能导致错误的事实。各式各样用于观察的工具，包括仪、表、计、镜等在科学研究中都扮演了一定的角色，帮助消除习惯、偏见、过度兴奋或热切期盼以及当前流行的现存理论的影响，从而避免使用现成的内涵。各种摄影和录音器材、记波器、曝光计、心震描记仪、体积描记器等设备能够提供可长久查阅的记录，可供不同的人使用，亦可供处于不同心理状态的同一个人使用。这样，由于个人习惯、愿望以及近期经历而出现的纯个人偏见，就可以大体上得到排除。用大众的话来说，就是要客观地判定事实，而不能主观地予以界定。这样，过早阐释的趋势就会得到控制。

2. 另一个重要的控制方法，在于借鉴多个事例进行对比。在检查一车谷物的质量时，只检查其中一部分是不够的，而是要从不同部位取出不同部分加以对照。若是它们质量都一样，那当然不错；若是它们质量参差不齐，那就需要再抽查足够多的样品，把多种样品仔细拌和在一起，再评价其质量。这一例子大致表明了归纳科学的控制方法，即要多观察、多取证，不要只凭一种或很少几种情况就下定结论。

归纳方法的这一方面确实很重要，所以人们往往把

多个事例

这一方法并不是归纳的全部

它视为归纳的全部。他们认为所有的归纳推理都立足于收集和对比一些类似的事例。然而，这种收集和对比的做法只是在某种单一事件中为确保结论的正确性而采取的次要的做法。在抽查一车粮食质量时，只抽查一部分样品，也是归纳，而且其在某些场合还属于一种合理的归纳；而多抽取一些样品，则是为了让这一归纳更加可靠，更可能正确无误。在上文中谈到的判断房间遭遇盗贼一例中，则是在审视了并不相似且性质不同的情况之后，才做出窃贼来过的结论。当问题一时模糊不清而难以判明时，就需要对一些并不相似的事例加以对照，而收集类似的事例并加以对照只是为了让归纳更有把握。考虑众多事例的目的，是选择重要的或可作为证据的特征，作为在某种单一事件中进行推理的基础。

不相似性与相似性同样重要

因此，在已审视事例中，不同点和相似点一样重要。对照而非对比并不会达到合乎逻辑的结果。倘若我们对其他事物的观察和记忆深度重复了对已有案例的观察或者记忆程度，那么就推理而言，我们的所作所为无异于让原来的单一事实决定结论。就抽查不同样本谷物一例来说，重要的是抽取的样品应不相同，至少就提供样品的这一车粮食而言是这样的。若不是这种不同点的存在，粮食质量相同对于推理就毫无意义。从逻辑上说，比较相似点与不同点总是联系在一起的。如果我们让儿童观察植物种子怎样发芽生长，虽然有许多种子，但都放置在相同的环境里，孩子是不会从中悟出什么道理的。但若是将一些种子放在沙子里，一些种子放在土壤里，另一些种子放在一卷吸墨纸上，而且每一种环境又分浇水和不浇水两种不同情况，那么对照这些不同因素，孩子很快就会懂得种子发芽生长的必备因素是什么。总之，一个人进行观察时，既要用心观察相似的情况，也要用心观察不相似的情况，尽可能广泛地对照各种不同的情况，他才能判断能够解决问题的证据是什么。

另一种突出不同点重要性的方式在于科学家重视反面事例，即重视那些看起来似乎符合要求，但实际上与事实并不一致的例子。一般情况下，反常的事例、例外的事例以及某些其他事例在很多方面会表现出一致性，但是在重要时刻却表现不同，这种情况很重要，因为科学家们想出了许多办法来发现、记录和铭记这些对比鲜明的事例。达尔文曾指出，一些与人们所偏好的归纳有出入的情况很容易被忽略，因此他有意识地将其养成一种习惯，不仅用于寻找相反的事例，也用于记录注意到

例外和相反情况的重要性

的或者想到的例外情况，否则的话，这些情况将很容易被遗忘。

三、条件的实验变异

实验是引进对照因素的典型方法

我们在上文中已经提到过归纳法这一因素，无论在哪里，只要归纳法适用，它就是最重要的。从理论上说，"正确合适"的例证就足以构成推理的基础，其作用不亚于一千个例证。然而"正确合适"的例证极少自发地出现。我们不得不寻找这样的例证，有时还不得不制造它们。如果我们仅以案例的本来面貌对待它们，不管是一个案例还是多个案例，那么这些案例只会包含多数这样的信息：或与当前问题不相关的信息，或所含信息与当前问题相关，但是其内容非常模糊或者隐蔽。实验的目的，就是要按照预先设想好的计划，采取有规则的步骤，构成典型的、关键性的事例，使之能够显著启迪我们如何解决所面临的难题。所有的归纳方法（如上文中所述）均有赖于调节和控制观察、记忆的条件，而实验则是最佳的调控方法。我们力图清楚地识别进入我们观察视野的每一因素及其运行模式和运行量。如此构建观察，就

第七章 系统推理：归纳和演绎

是实验。

通常的观察只是等待事件发生或事物的呈现，而通过实验进行的观察则显然有许多优越性。实验能克服我们所要观察的事实的以下缺点：（1）罕见性；（2）微妙性和纤细性（或剧烈性）；（3）固定性。杰文斯[1]在他的《逻辑基本课程》一书中对此也进行过阐述：

> 实验三大优点

1."我们也许要等待几年或几个世纪才会碰巧遇上可在实验室中制造的事实。倘若当初我们只是等待自然的馈赠，并且我们也碰巧发现了这些馈赠，那么现在已知的多数化学物质以及许多十分实用的产品就根本不会出现了。"

这一引语说明了在自然界中，某些事实，甚至一些很重要的事物的出现频率或概率是极低的。杰文斯接着指出自然界有很多微妙的现象，而在日常生活经历中，人们很难遇到这些现象。

2."电无疑运行于物质的每一个粒子之中，而且每分每秒不停歇。古人大概也注意到了电在磁石、闪电、北极光以及琥珀摩擦中的情形。但是闪电中的电威力太

---

[1] 杰文斯（William Stanley Jevons, 1835—1882），英国经济学家，逻辑学家。——译注

大、太危险,而存在于另几种形式中的电又太微弱,难以为人们所适当地理解。只有当人们能从普通的发电机或伽尔伐尼电池得到源源不断的电力供应以及能够制造大功率的电磁体之后,关于电和磁的科学才会得以发展。电的作用,即使不是全部也是大部分,一定都进行于自然界之中,只是太模糊,让人费解而无法观察。"

杰文斯接着谈到,在一般经验条件下,那些只有在各种情况下以固定统一的状态呈现于人们眼前的现象才会为人们所理解。

3. "例如人们看得见的碳酸是从燃烧的炭中冒出的气体。但是它遇到极高压力和较低的温度时,会凝结成液体,甚至变成同雪一样的固体。许多其他气体也有相似的变化,即变成液体或固体。有理由认为,只要有足够合适的温度和压力的变化,每一种物质都能呈现为固体、液体和气体三种状态。与此相反,若是仅仅观察自然界,就会以为几乎所有的物质都只会呈现为一种状态,而不会从固态变成液态或从液态变成气态。"

各个不同学科的科研人员都已研制出种种不同的方法,来分析和重新阐释人们所经历的各种事实,从而让我们能够避开老旧凌乱的联想,转而以适当的形式和角

第七章 系统推理：归纳和演绎

度理解事实，摆脱含混不清的、有限的解释，转而得到准确的和影响深远的解释。详细介绍这些方法需要撰写多本厚重的书籍。但是好在所有的归纳探索方法都着眼于一个目的，即间接调控联想功能，或者说间接调控概念的形成。基本上，这些方法最终演变成选择和安排所描述目标的三种类型的某种组合。

四、演绎性思维运动的引导

在直接讨论这一话题之前，我们必须注意，对归纳进行系统的调控有赖于掌握一批一般性原则，能以演绎方式应用于审视或构建出现的问题。如果一位外科医生不懂人体生理学的一般原理，就很难判明他所接诊病人的病情，在某种特殊情况下，是特别重要还是特别特殊。如果他懂得血液循环、消化和呼吸的原理，他就能推断出某个给定的病例中，病人在正常情况下的正常表现应该如何。这些考虑给医生判断提供了基准线，而在给定病例中，超越正轨的以及不正常的情况便会得以诊断。这样，手中问题的性质就得以定位，问题得以解决。精力也不会浪费在表征明显但与病例毫不相关的特征分析上面；而只是集中

演绎对于引导归纳的价值

在那些并不明显但需要分析的特征上。一个完整提出的问题只得到了一半答案;也就是说,能够为人们清楚理解的问题本身就蕴含着答案;而对于一个模糊不清、杂乱无章的问题,就会引导人们不断地进行探索、摸索。为了使所提问题明确而有成效,就必须运用演绎法。

推理到完备　　然而,通过演绎掌握假说的起源和展开,还不只是停留于锁定问题所在。概念刚刚呈现时,还不完善、不完备。我们在第六章中已经谈到,演绎就是使概念的意义臻于完备。一名医生看到病人的症状像是伤寒,伤寒这一概念内容是能够展开的,如果是伤寒,那么它就应该还有一些其他特征性的症状。医生判断该病情是伤寒时,会充分思索伤寒的种种表现,进一步明确相关的症状。通过进一步询问、观察和实验,他仔细地研究病人的种种情况,推断伤寒这一假设是否正确。演绎结果构成对比观察结果的基础。进行理论上的推理,必须有一整套可用的原理,否则,对假设命题的验证(或求证)就会不完全且存在风险。

这种推理意味着系统的知识　　这些考虑指明了引导演绎性思维运动的方法。演绎要求一套相关联的概念,它们可以按照通常的或分级的步骤而互相转化。问题在于我们所面对的确凿症

第七章 系统推理：归纳和演绎

状可否被确定为伤寒。从表面看到的症状而言，该病情与伤寒病情之间还有很大的差距。通过运用某种替换方法，以及一系列中项，就可以弥合这一差距，得出肯定或否定的结论。伤寒可意味着 p，p 又意味着 o，o 又意味着 n，n 又意味着 m，m 则很类似于精选的解决问题的关键数据。

科学研究的主要目的之一在于为典型科目的每一分支科目提供一系列内涵和原则，这些内涵和原则在特定条件下彼此相连、互相包含。在此情况下，替代各种等价物便成为可能，无须查证特定观察结果便可得到推理痕迹，这些观察结果对于任何联想原则来说，都是遥不可及的结果。推理所依靠的手段是下定义，通用公式，以及分类。据此，一则内涵才得以被固化成、细化成不同分支。它们本身并不是目的（在初级教育中，人们经常如此看待它们），而只是手段，是使理念呈现为合适的形式，并使其适用于一定事实的特性得到最好的检验。

或定义与分类

演绎的最后检测在于实验观察。精心推理可以使联想到的概念更加丰满、更加合情合理，但这一概念正确与否，尚不能下定论。只有当相关的事实可通过收集或者实验的办法得到观察证实，证明其在细节上均与演绎

演绎的最后检测

的结果相符而无例外时,我们才有理由将演绎结果视为正确的结论。总之,思维必须始于并同时终于具体观察,才可称为完全的思维。演绎过程的最终教育价值如何,就要看它们在多大程度上能够成为创立和发展新经验的有效工具。

五、这一讨论的某些教育意义

错误逻辑理论在教学中的表现

上面讨论了逻辑分析的重要性,一部分出于它们对于教育的意义,尤其当教育界目前采用了一些错误的逻辑教学方法,即错误地将逻辑分析思维分离成为独立于彼此的、但自身完备的个体。

孤立"事实"

1. 在某些学校科目中,或者在任何情况下,对于某些主题或者某些课程而言,学生们都沉浸于细节信息之中,他们的头脑中充斥着一些互不相连的条目(或是通过观察和记忆或是凭借道听途说和权威训示得来的内容)。在进行归纳的初始阶段和收尾阶段,人们进行的活动都是堆积事实,堆积特殊的、孤立的信息片段。但是,只有在这些条目呈现了范围较大的整体情况(该整体情况包含并解释了所含的细节信息),同时对此整体情况的

第七章 系统推理：归纳和演绎

考虑又被无意识地忽略时，才具有教育意义。在初等教育的实际课程以及高等教育的实验性教学中，学生往往是"只见树木不见森林"。所教授的事物及本质都非常琐碎，而未提及它们所代表的和说明的更加普遍的特征。在实验室里，学生只关注操作过程，而不理解如此操作的理由，没有认识到他们应用恰当方法所要解决的典型问题是什么。只有演绎才能表明和重视事物连续的关系；而只有对这些关系加以思考，学习过程才不再是收集琐碎信息的垃圾袋。

2. 思维过程允许人们在匆忙之间掌握一个模糊的概念，而不是意识到这些事实在这一整体过程之中的内在联系。学生们是"一般地"感觉到科目（例如历史和地理）所述各种事实的相互关系，这里"一般地"理解也是"模糊地"理解，并不包括其内在关系如何。

未能再做推理

学生被鼓励在一些特定事实的基础上形成一般性的概念，即这些事实相互联系而形成的理念；但并没有费心思督促学生进行深入探究，并思索这一概念对当前事例及类似事例有何意义。学生进行的归纳推理其实就是一种猜测。若是猜对了，教师立即予以肯定；而若是猜错了，教师就予以否定。如果放任这一思维方法，那么在很大程度上是教师实施了这一行为,即教师应承担放任该智力错误发展方向的责任。但是完整、综合的思维活动需要做出联想(猜测)的人同时也有责任对该联想与现有问题的关系进行推理;他要确保该联想至少足以指示其在应用和解释案例具体数据方面的方法。当课堂教学不在于简单检测学生展现某种技巧、重复教科书或讲义内容和原则的能力时,教师却走向了相反的极端,即听到学生的自发反应、猜测或想法以后,只是对其表示肯定或者否定,然后再进一步对其进行发挥。这样,虽然联想和阐释的功能得到了激发,却没有得到指导和训练。归纳得到了刺激,却没有进一步推进,以致达到完成推理的阶段。

在另一些科目中,演绎阶段被孤立了,似乎其自身就是完整的、完备的。这种错误的做法可能出现于思维过程的开始或结束阶段。

以演绎开始,使之孤立

3. 第一种错误的常见形式是一开始就提出定义、规律、一般性原则或分类等。这种做法已受到教育改良派的一致批评,因此已经没有必要再细说这种错误,只需指出,从逻辑上来说,出现这种错误,是因为在引进演绎考虑时没有首先指出什么样的事实要求运用演绎法。

可惜改良派人士有时把批评意见说过了头，或者用错了地方，他滔滔不绝、长篇大论，反对一切形式的定义、系统化规律和一般性原则，而不是仅限于指出当引用不当具体经历激发学生积极性时，它们将会变得一无用处、死气沉沉。

4. 从另一方面来看，在一般推理过程的最后，如果没有使用新的具体事例来论证和检测推理的结果，那么这种做法也会使演绎陷于孤立。演绎法的最后要点在于要将其用于各个事例的消化和认识。没有人会完全地理解一般性原则（不管他能够多么充分地展示它，当然不是重复这条一般性原则）直至他能够利用该原则掌握新的情况，如果这些情况是全新的，那么应该与得出归纳的案例所展示的内容不同。然而，教科书和教师往往满足于提供一系列或多或少敷衍了事的例子，而没有要求学生将他想到的原则运用于个人经验中的其他事例。这样，这条原则就是没有生气和缺乏活力的。

未将归纳用于新观察

5. 现在我们换一个角度讨论同一话题：每一个完整的反思性思维行动都会为实验做好准备，即准备对推想到的和已认可的原则进行检测，用以积极构建新的事例，查看是否有新的品质出现。我们的学校只是缓慢地接受

缺乏实验准备

科学方法。从科学方面来看，现已证明，只有采用了某种形式的实验方法，才有可能进行有效的和完整的思维。在高等院校和中学中，这一道理已得到一定程度的认可。但在初等教育中，多数人仍然认为，对于孩子的智力成长来说，自然进行的观察就已经足够了。当然小学校不必都为此建立实验室，更不必购置精密仪器，但是人类整个科学发展的历史进程证明，要具备完整思维活动的条件，就必须做好充分的安排来实施那些用来改善物质生活条件的活动，而书本、图画乃至消极观察却不加以操纵的物体都不会提供这样的安排。

第八章 判断：对事实的解释

一、判断的三个要素

一个有健全判断能力的人，在任何事务中，不论其学识深浅或受到的训练如何，都表明他是有文化的人。如果我们的学校培养出来的学生，在他们遇到的各类事务中，能够运用其思维能力做出良好的判断，那么这样的学生就比单纯拥有大量知识，或在专门学科分支中具有高度技能的学生要好得多。

良好的判断力

判断和推理之间的密切关系显而易见。推理的目的在于得出合理的判断。推理的过程涉及一系列不完全的和尝试性的判断。那么如果单单检查这些单元、这些推理的项，它们到底是什么呢？它们的重要特点可以轻易地从判断这个词的使用情况去考虑，那就是在法律争议中，对种种问题做出权威的决定，即法官的判断。它有

判断与推理

三个特点：（1）争议，针对同一客观情况存在截然不同的说法；（2）对这些说法加以界定和细化，并且筛选支持那些说法的事实；（3）做出最后的决定或者判决，结束存在争议的事件，并将该结果视为规则或者原则，用以判定未来类似的案件。

判断前提的不确定性

1.除非对某事物存在疑虑，否则的话，对存在情况一掠而过，不假思索地接受，也就等同于只存在理解、感知、认知，而不存在任何形式的判断。如果对事物完全持怀疑态度，如果它完全晦涩难懂，那么它也是神秘的、不可思议的，自然也不会产生什么判断思维。但是如果情况暗示了模糊的、各种不同的意义，各种可能对立的解释，那么就有了某些争论点，有了某些利害相关的事实。疑虑在头脑中互相碰撞、激烈竞争，都是为了取得合乎利益的结论。对于交付审判的案件，要做出简洁明确的判断，在两种可供选择的解释中，对其中之一做出肯定；但是，对于任何令人生疑的且希望通过智力判断来澄清的例子而言，它们都呈现了类似的特征。当我们看到远处一个活动的、模糊不清的东西时，我们便要发问："那是什么？那是一片旋转卷起的尘土吗？是一棵大树在摇曳枝干吗？是一个人向我们招手示意吗？"

第八章 判断：对事实的解释

整个过程中，每一个具体情况都有所展示。也许只有其中一种情况是正确的；也许所有情况都不恰当；然而，这个事实本身一定具有某种意义。上述诸多可能，到底哪一种是正确的呢？感知到的东西究竟是什么呢？它究竟应当怎样去理解、估计、评价和处置呢？每一个判断都是基于这样的一些情境。

2.对审判争议的取舍，即衡量截然不同的观点时，常把它们分为两派；其中每一派观点，在特定的情况下，都比另一派观点更加真实。在考虑进行法庭辩论时，这两派均在筛选有效证据和挑选适用的规则；它们就成为这个案件的"事实"和"法律"。通常所说的判断包括：（1）确定特定事件中具有重要意义的资料；（2）周密考虑由原始资料引发的概念或意义。它与两个问题有关：（1）在做出某种解释时，情境的哪些部分或方面具有重要意义？（2）用作解释的观念，其充分的意义和影响究竟是什么？这些问题紧密相连；各个问题的答案也是相互依存的。然而，为了方便，我们也可以将它们分开考虑。

判断界定问题

所有事实上已经发生的事件包括很多细节信息，但是哪部分信息对于该事件并不重要？一种经验的所有部分虽然同等存在，但作为标记和证据，它们的价值却远

选取什么事实作为证据

远不同。没有什么有特点的标签或符号来表明"这是重要的"或"这是无价值的",也没有强度、生动程度或显著程度等作为指示和证明价值的标尺。耀眼的事情也许在特殊的情境中完全没有意义,而理解整个事情的关键却可能往往是细微的或者隐蔽的。那些并无重要意义的特点总是让我们分心,它们提供了一些被人们视为有助理解的线索,而真正重要的特点却没有浮出水面。指示某种情况或者甚至已为感官感知的事件也需要判断。因此,一定要进行排除、淘汰、选择、发现和理解。在我们获得最后结论之前,否定和选择必须是尝试性的和有条件的。我们选择那些我们希望提示意义的事实。但是,如果这些事实并不能暗示和包括某种情境,我们就得重新组织资料或事实;我们的意思是,就思维而言,这些事实的特点可以用来作为证据,以求得到一个结论或形成一个决定。

选取证据的专业度

选择、淘汰或固化事实并没有快速、严格的规则。如同我们所说,这些过程完全要靠良好的判断能力。所谓良好的判断能力,就是指明或者判断疑难情况的各个特点价值的能力,就是知道放弃无价值的特点,排除不相干的材料,保留有助于得出结论的材料,强调提示困

第八章 判断：对事实的解释

难情况的线索。在一般的事件中，我们称这种能力为技巧、机智、聪明；而在重要的事件中，我们称这种能力为洞察力和辨别力。这种能力，一部分是本能的或者先天的，但是它呈现了深刻掌握曾经经历事件的有益结果。有了这种能力，就可以抓住可作为证据的重要事实；而放弃其他无用的事实是专家、行家和法官的标志。

米尔援引下面的事例，说明从情境中找出具有重要意义因素的能力可以达到非常完美和精确的境地。"一位来自苏格兰的经理，以高薪从英格兰聘请一位染色工人。这位染色工人以配制上等的颜色而闻名。经理要求他向其他工人传授这种技能，于是这位工人来了。但是当他调和各种染料时，却是用手称量，而不是用秤；他配制颜料的秘诀就在于此。经理要求这位工人改变用手称量的方法，而使用秤进行称量，这样，就可以查清人工称量方法的秘密所在了。然而，这位工人发现他自己没办法以秤代手，所以他无法向任何人传授这门技艺。在他个人的经验中，颜色的作用和他手捏颜料的知觉之间已经建立起了一种联系；他在任何特殊情况下均能凭借知觉推断出使用的方法和使用这种方法所产生的效果。"基于实际情况而进行的长期思考、亲密接触外加

直观判断

浓烈兴趣以及透彻地吸收多样的、类似的经历，这些都能够激发我们称作直觉的判断力；但是这种判断是真实的，因为它们是基于理智的选择和评估而进行的、以解决问题为标准的判断。是否掌握了这种能力，是区分专家和笨蛋的标准。

这是判断能力的最完整形式。但是，无论如何，这种方式总伴有某种感觉；伴随着试探性选择某些特质的试验，以弄清什么样的强调内容会导致什么样的结果；如果其他特征产生更能解决问题的联想，则我们应该自愿搁置某个最终选择，全盘否定各种因素或者将其降为不同的地位。机警、灵活和好奇心是基本的要素，独断、顽固、偏见、人性、因循守旧、激怒和轻率则是致命的。

<small>要决定一件事情，必须选取适当的原则</small>

选择资料是为了控制联想内涵的发展，从而可以得出关于联想内涵的解释。概念的形成与事实的确定是同时发生的；即在头脑中，一个可能的含义接着另一种可能的含义相继发生，结合资料与暗示的关系，其含义更加详细，然后大脑或者决定舍弃它，或者决定把它接受下来并加以试用。我们不能以自然朴素的心灵来处理任何问题，而是以习惯性的理解方法以及先前积累的某些意义，或者至少是从意义中引申出来的经验来处理问

第八章 判断：对事实的解释

题的。如果一个人所处的环境是这样的，即习惯性反应被直接利用，那么这个人便会立即掌握含义内涵；而如果该习惯被制止，并且无法轻易得到应用，那么针对该事实的种种可能含义便会出现。并没有严格和固定的规则可以决定哪一个暗示的意义是对的、合适的。这要由个人良好的（或不良的）判断作为指导。在任何观念或原则上面，都没贴标签告诉人们："在这种情境中，使用我吧！"就好像《爱丽丝漫游奇遇记》中的魔饼上写着"吃我吧"那样。这要靠思维者去决定、去选择；而且，这种决定、选择常常伴有风险。所以，稳健的思维者要慎重地选择主题，即通过后来的事件确认其正确与否。如果一个人不能明智地判断什么解释对于疑难问题是合适的，那么即使他通过艰苦的学习，积累了无数概念，也无济于事。因为知识并不等于智慧，知识也不能保证良好的判断。记忆如同一个冷藏室，里面储存着大量的知识内涵，以备将来使用。但是，在紧急情况下，判断只是从其中选择和采用一种内涵；如果没有紧急情况（某些较轻微的或重大的危机），就不能引发判断。任何概念，即使细心地、牢固地建立于抽象意义之上，在解释事物时，起初也只不过是一个候选者，只有那些能够指明黑暗困境的出路，打开紧紧缠结的绳结，缓解和融合各种矛盾，并证明其能为给定的情况提供有效的观念，才能在所有的候选者竞争中取胜。

在一项决策或声明中判断终止

3. 一个判断形成之后，才可称之为决定；决定关闭了（或结束了）争论的问题。这一决定不仅解决了那个特殊的案例，同时，也为决定未来的类似事项巩固了一种规则或方法。如同法庭上的判决一样，它就结束了这场争议，同时也为将来类似案件的判决提供了习惯案例。如果确定的解释同后来发生的事件并不存在争议，那么有利于解释其他类似案例的假设便建立了，前提是其他案例特征并无明显差异，因而并无不妥之处。这样，判断的原则就逐渐形成了；某种解释方法就获得了影响力和权威性。简言之，意义得到了标准化；它们变成了逻辑的概念。

二、观念的起源和性质

这使我们想到与判断有关的观点[1]。在令人费解的情

---

[1] "观点"（idea）一词通常也被用来指：a. 一种纯粹的想象；b. 一种被接受的方法；c. 判断本身。但更符合逻辑的是，观点指在判断中的某项因素（factor），正如文中所解释的。——原注

第八章 判断：对事实的解释

境中总有一些暗示。如果这些意义被立即接受，那么就不存在反思性思维，也不存在真正的判断。如果思考被不加判断地掐断，那么教条式信念以及与其相生相伴的危险也会随之而来。但是如果这些联想到的意义被暂时搁置，等待检验和质询，那么真正的判断就会出现。我们停下来思考，迟迟不做出结论，只是为了让推理更加深刻。只有在一定条件下接受所得结论，且暂时接受只是为了检验其正确与否，那么此时意义才能变成观念。也就是说，观念是试探性地接受某个意义，对其加以组建，斟酌其适合与否，并用来处理令人困惑的情况；即是一种用来作为判断工具的意义。

让我们举个例子。如果不远处有一个模糊的东西出现，我们就会心生疑问：那东西是什么？即那模糊不清的东西有什么意义？是一个人晃动他的手臂，还是一个朋友向我们招手示意，这些都是有可能的。如果马上接受其中一个暗示，就等于抑制了判断。但如果我们仅把暗示当作一种假定，一种可能性，那么它就变成了一种观念，并且具有以下几个特点。(1) 单纯作为一种暗示，它是一种推测，一种猜想，或者在更庄重的场合下，我们称之为一种"假设"或"推理"。这就是说，这是一

或者解释工具

种可能的但又存在疑问的解释模式。(2)虽然存在疑问，但它还要发挥作用，即指导探索和调查。如果那个模糊不清的东西是一位朋友在招手示意，那么，通过细心观察就能看出别的相关特点。如果是一个人赶着难驾驭的牲口，那么，也会存在一些不同的相关特点。我们可以看一看是否能发现那些特点。如果只把观念当作是疑问，那就不能进行调查。如果把观念当作是必然的事，那也会阻碍调查研究。如果认为某种观念虽然令人生疑却存在可能性，那它就给探究提供了一个立足点，一个立场和一种方法。

假想　　除非把观念看成反思性检验的工具，用于解决遇到的问题，否则该观念就不是真正意义上的观念。假如现在有这样一个问题，即希望学生掌握"地球是圆形"这一观念，这与向学生传授地球是圆形这一事实完全不同。给学生看（或者让学生去回想）一个皮球或一架地球仪，并且告诉学生，地球就像这些东西一样是圆形的；然后，让学生日复一日地重复复述这句话，直到学生在头脑中把地球的形状和皮球的形状融合到一起为止。但是，学生并不因此就取得了地球是圆形的观念，最多也不过是获得了某种球形的意象，然后与脑中皮球的意象进行类

第八章 判断：对事实的解释

比，最终得出地球是圆形的意象而已。要想让学生获得球形这一观念，首先必须使其从观察到的事实中认清某些令人困惑不解的特点，然后再向学生介绍球形的观念，使其能够理解眼前的现象。只有把球形用作解释数据的工具以便给予学生全面的含义，才能够使其真正成为学生头脑中的观念。若非如此，学生眼前可能只有生动的形象但是不存在任何观念；或者如果该形象能够激发并引导学生进行观察并分析事实之间的关系，那么它也只不过是一瞬即逝、模糊不清的形象，仍然不会有任何观念产生。

逻辑的观念就像一把可以打开锁的钥匙。如果用玻璃将一条梭鱼与梭鱼日常的猎物，即一条小鱼隔开，梭鱼会用头部碰撞玻璃，直到筋疲力尽，也无法得到它的食物。动物的学习都是通过试验性的方法，好比梭鱼一样地漫无目的地乱撞，循环往复，直到取得成功。如果人类的学习不是建立在观念基础之上，其过程就也会如此。自觉地以观念指导行动（即采用联想到的意义，以便用其进行试验）是唯一的选择，它既可以替代顽固倔强的愚蠢行为，又可以取代从敬爱的老师那里，即偶然机会获取的观念。

想法给唯一的替换物以不定的方式

我们如何思维

它们是间接攻击的方式

　　值得注意的是有许多形容智慧的字眼，暗示了隐匿的观念和不可捉摸的活动，甚至往往带有采用不正当道德行为的暗示。比如这句话：爽快的、诚恳的人做事是正直的（含有愚笨的意思）。聪明的人是灵巧的（狡猾的）、敏捷的（欺诈的）、足智多谋的（诡计多端的）、精巧的（阴险的）、能干的（诡诈的）、机灵的（狡猾的）、有远见的（有野心的）；这些观念都含有另一层意思。所谓观念就是经过反思性思维避免或克服障碍的方法，否则人们就只会粗鲁地对待这些障碍。但是，如果习惯性地使用观念，观念就可能失去它的理智性质。当儿童初次学习认知猫、狗、房子、弹子、树、鞋或其他物体时，他们总是游移不定，其有意识的、尝试性的观念也参与其中，助其认知事物。一般来说，事物和意义就这样完全融合在一起了，严格意义上的观念和判断就消失了，剩下的只有自动认识。另外，对于那些能够为人们直接理解并且熟悉的事物，当它们出现在不同寻常的背景之下，也是需要人们对其进行认知判断的，这些事物包括：我们绘画时，需要判断物体的形状、距离、大小和位置；当它们并非以我们所熟知的玩具、工具和器皿的形式出现时，我们需要确定它们是三角形、正方形还是圆形，

第八章　判断：对事实的解释

因为它们是以待解决问题的形式出现在几何学中的。

三、分析和综合

通过判断，混乱的资料得到整理，表面上支离破碎且互不联系的事实得以串联起来。这种整理便是分析，这种连贯或形成整体的过程便是综合。对于我们来说，我们会对种种事物产生特殊的感觉；它们可能给我们留下某种难以言说的印象。我们可能觉得这一物体是圆的（也就是说，后来我们才能把这种表现出来的性质规定成"圆"）；一种行为可能是粗鲁的（也就是说，后来我们才能把这种表现出来的性质规定成"粗鲁"）；然而这种印象，这种性质可能被融化，被吸收，并混合在整个情境中。只有当我们在另外的情境中遇到困惑或难以理解的事物时，我们才需要利用原先情境中的特点作为帮助我们理解事物的工具。这样我们才能把那种特点分离出来，使之成为个别化的特点。只是因为我们需要说明某些新的物体的形状，或某些新的行动是否符合道德标准，我们才把经验中的圆形或粗鲁的因素分离出来，使之成为显著的特点。如果选择的因素能使经验中含糊的成分

> 判断整理思绪：分析

得到澄清，那么它的意义也就确定了。在下一章中，我们还会遇到这个问题；而在这里，我们讨论的只是同分析和综合有关的内容。

智力分析不同于物理分类

即使明确地阐述了智力分析和物理分析是两种截然不同的分析行为，人们还总是将智力分析与物理分析进行类比，如同在头脑中而非外界将某个整体拆分成各个组成部分。由于任何人都无法讲述在头脑中把整体分割成部分意味着什么，因此这一概念进一步引导人们注意逻辑分析只是列举出可以想象到的全部性质和关系。这对于接受该概念影响重大。学校课程中的每一个学科都通过了（或仍然停留在）所谓"解剖学"或"形态学"方法阶段：在此阶段中，把学科理解为由性质、形式、关系等多重区别组成，并且每个区别因素还被冠以某种名称。在正常的发展过程中，具体的特质只有解决了当前面临的困难时，才被

教育界对分析的错误理解

予以重视，进而独立出来。只有当它们参与判断某个具体情况时，才会刺激使用分析方法，也就是说，才会强调某些因素或者关系尤其重要。

早熟形成的影响

如同把车放在马前一样，把结果放在过程的前面，这种现象在初等教学中也存在着，在那里，人们可以指定过程方法，其使用也非常盛行。在发现和反思性思维

第八章 判断：对事实的解释

过程中所使用的方法，与发现完成之后形成的方法，两者是截然不同的。在真正的推理活动中，人们进行思维的态度是寻求、搜查、预测和试探；结论一经得到，寻求便终止了。希腊人曾辩论过下列问题："学习（或研究）怎样才是可能的？如果我们已经知道我们所要追求的东西，那么我们便不用再去学习或研究；如果我们不知道我们所要追求的东西，那么我们就不能去研究。"这种二难推论表明，真正的推理活动应当运用怀疑的探究、尝试的联想和实验的方法。当我们获得结论之后，要回想整个过程中所涉及的各个步骤，看看哪些步骤是有帮助的，哪些步骤是有害的，而哪些步骤又是无用的，从而帮助我们迅速有效地应付将来可能出现的类似问题。这样，组织思维的方法就建立起来了。（比较一下有关心理学和逻辑学的讨论。）

人们普遍认为，除非学生从一开始就有意识地认识并明确地指出，在其取得结果的过程中所使用的逻辑方法，否则他就无法获得方法，其思维也必然陷入混乱和无序状态之中。其实，这种认识是荒谬的。如果学生学习的时候有意识地使用了某些步骤形式（如大纲、论题分析、标题目录和细目、统一的公式），学生的思维方法

先于其形成前采取的方式

就能得到保护和加强,这也是一种错误的观点。事实上,逻辑态度和习惯必须首先得到发展。只有当使用无意识的、尝试的方法首先取得结果之后,才有可能有意识地陈述针对某种目的而采取的逻辑方法。也只有当某个事例中所使用的方法取得成功之后,对该方法的回顾能够为将来类似的案件提供借鉴意义,那么这种回顾才具有价值。过早地强调已有的准则,反而会妨碍学生发展一种能力,这种能力会帮助学生以抽象和分析的手段巩固和筛选个人经验中最符合逻辑的特征。反复地使用,可以给予方法确定性;一旦有了这种确定性,公式化的叙述方法自然就会随之出现。但是因为教师们觉得他们自己深刻理解的那些事物都是划分开来的,而且限定在轮廓鲜明的方式上,于是学校中就充斥着这种观念,认为孩子们的学习应当以明确化的公式为开端。

判断揭示了事实的承载及意义:综合

既然人们认为分析是把整体拆开,那么就自然认为综合是将具体、零碎的事物拼凑起来。即使这样想象,综合也仍然神秘。事实上,当我们掌握了事实与结论的关系或者原则与事实的关系时,综合过程便已经发生了。分析等同于强调,而综合等同于情境。前者使被强调的事物成为重要事情而被凸显出来;而后者给予选出的事

第八章 判断：对事实的解释

物以背景或者与重要事物的联系。每个判断都是分析性质的，因为它涉及了洞察力、识别力，将琐碎的事物从重要事项中剥离，将无关的事项同关乎要旨的事项分开；而且它是综合的，因为它使思维兼容并蓄，从而使选出的事物各得其所。

那些自我标榜为唯一的兼具分析和综合的教育方法（到目前为止，他们还是在自吹自擂）是同正常的判断活动背道而驰的。这样，就出现了争论。例如，地理教学应该是分析的还是综合的？综合的方法是先从学生已经熟悉的事物开始，教授地球表面局部的、有限的地域，然后逐渐扩大到邻近的地区（郡、国家、州等），直到获得整个地球的概念，进而获得包括地球在内的太阳系的观念；分析的方法是从自然界的整体开始，例如，从太阳系或地球开始，然后再波及它的各个构成部分，直到获得学生自身所处的地球环境的观念。这里基本的概念是物质整体和部分物质。事实上，我们不能假定，孩子们已经熟悉的那部分有关地球的知识在他们心中是确定无疑的，也不能把他们现有的观念作为实际的出发点。孩子现有的知识是不完全的、模糊笼统的。因此，智力上的进步一定包含着对环境的分析，还要强调具有重要

> 分析和综合是相互关联的

意义的特点，使它们突显出来。而且，学生自己所处的地区也不是完全孤立的，没有固定的界线对之加以界定。学生对于环境的经验，已经包含了他所观察到的事物，如太阳、月亮、星星等；同时也包含了地平线随着他的移动而变化的经验；也就是说，他本人有限的、基于当地的经验也涉及了影响深远的元素，这些元素带着他的想象飞到了远离街道和村庄的更远的地方。联系，即同更大的整体的联结和关系早已经参与了进来。但是，他对这些关系的认知是不充分的、含糊的、不正确的。他需要利用本地区环境的性质，必须澄清和扩大较其所属地域更大的地理范围概念。同时，他对更大范围的情景有所理解时，也了解了本地区环境中的许多最普通的特征。分析导向综合，综合改善分析。当学生增进了对更广泛、更复杂的地球环境的理解时，他也就能更确切地了解所处地区的详细情况。把需要强调的特性挑选出来，并且通过其与整体的关系加以解释，这种情形在正常的反思性思维中随处可见。所以，试图把分析与综合看作是彼此对立的观点是愚蠢的。

第九章 意义：概念和理解

一、意义在思维世界中的地位

在讨论判断的时候，我们已经详尽地说明了推理涉及的事物，因而在讨论意义的时候，我们将只讨论所有反思性思维的核心功能。一则是它的意指、预示、表示、象征、表明含义，一则是我们一开始就提到的思维的本质特征。要找出原始事实所具有的意义是所有发现过程的共同目标；要找出什么样的事实能够实现、证实和支撑一个特定意义，这就是所有检验活动的目标。当通过推理活动得到了一个令人满意的结论，我们就达到了有意义的目的。判断行为涉及意义的成长和应用。简言之，这一章节我们没有新的论题；我们只是近距离地观察到目前为止一直讨论的假设。在第一部分，我们将假设意义和理解是同等的，以及理解的两个类型，即直接理解和间接理解。

意义是集中的

（一）意义与理解

如果一个人突然走进你的房间，并喊道"paper"，那么这种情况包含了多种可能性。如果你无法理解这个英语单词的含义，那么，这声音无异于噪音，它可能对该人产生或者不产生外部刺激或影响。但这个噪音本身并不是思维对象，它不具备思维价值。因而，不理解这个单词的含义同这个单词没有任何含义是对等的。如果这声叫喊伴随着投递员每日清早投递报纸的行为，那么这个声音就有了意义、有了可供思维的内容；你也会相应地理解它的含义了。或者你正在焦急地等待着一份重要的文件，你会假设这声叫喊是通知你，你要的文件到了。如果你懂英语（第三种情况），但根据你的习惯和预期，没有任何语境让你联想到这个词的意思，这种情况下，你会理解该词的意义，但不是全部意义。然后，你开始感到疑惑并展开思考，为这个表面上毫无意义的事件寻找一个合理的解释。如果你发现某物可以解释这个现象，那么它就有了意义，你也会明白它的意思。作为会思考的人类，我们总是假想意义的存在，并认为如果意义不存在，那么事情就出现了反常。因此，如果最终你发现，这只是有人想告诉你，人行道上有一片碎纸或

> 要理解就要抓住大意

第九章 意义：概念和理解

者宇宙的某个角落有一片碎纸，你肯定会认为他疯了，或自己被愚弄了。这样看来，掌握意义，理解并识别某个场合里重要的事物，三者可被视为对等的事件；它们展现了我们思维世界的敏感事项。缺少它们就会（1）缺少思维内容，或（2）出现思维混乱或困惑，或（3）出现思维反常，即胡言乱语，精神错乱。

因此，所有的知识，所有的科学都试图掌握万事万物的意义。这个过程包括将事物从本身原始孤立的情况下分离出来，并根据它们联想到其所属的整体，利用该整体反过来说明、解释并诠释该事物，即赋予它们意义。假设发现一块标记着奇怪记号的石头。那么这些痕迹有什么意义呢？就由物体引发的这个问题而言，我们不明白它的意义；但就物体的颜色和形状而言，我们知道它是石头，我们知道这个物体是什么。理解与不理解纵横交织，由此引发我们进行思考。如果经过调查之后，人们发现这个奇怪标记是冰川作用留下的痕迹，那这些奇怪的让人迷惑的特征也就能被理解了：那就是，体积庞大的冰块运动使石头之间产生摩擦力，从而导致奇怪痕迹的产生。在一种情形下已知的理解被转移应用到另一个让人迷惑的情形，进而使后者变得简单、熟

知识和意义

悉，得到了理解。这个例证表明，我们有效思考的能力是依据大量已知的信息。

(二) 直接理解和间接理解

直接和迂回的理解

在上面例证中举了两个掌握意义的方法。懂英语的时候，这个人马上理解了"paper"的含义。但是他没有从总体上看到或感知到任何意义。同样，这个人用肉眼便识别出了这个物体是石头；这不是秘密，也不神奇，反而一目了然。但是他不知道石头上面标记的意义。它们到底有什么意义呢？一种情况，由于已知的认识，人们对物体及其意义有了一定的了解。另一种情况，物体及其意义，至少暂时是分开的，为了理解该事物就要去探寻它的意义。第一种情况下，理解是直接迅速的；而另一种情况下，理解是间接和迟缓的。

两种类型的相互作用

大部分语言都有两套词汇来表示这两种理解：一种是直接理解并掌握意义，而另一种是间接理解意义，因此：希腊语中有 γνώναι 和 ειδενι，拉丁语中有 noscere 和 scire；德语中有 kennen 和 wissen；法语中有 connaifre 和 savoir；英语中有 acquainted with 和 know of or about。我们的思维世界就是由这两种理解相互作用而形成的。在所有判断，反射推理和预先假定中，部分缺乏理解，部

第九章 意义：概念和理解

分缺少意义。为了能掌握发生事情的全部的、足够的重要意义，我们进行反思性思考。然而，有些事情一定是已经被理解了的，我们的大脑肯定已经储存了一些已经为之掌握的意义，否则的话，思维就不可能发生。为了掌握意义我们进行思考，然而每次知识的扩展都会使我们认识到新的盲点和难点，而相反的情况是，知识相对较少却令万事显得很正常、很自然。如果一位科学家踏进了崭新的领域，就会发现有很多事情无法理解，而土著人或乡下人却对异常的事物习以为常。某些印第安人进入大城市，看到桥梁、有轨电车和电话，会表现得无动于衷，但是当他们看到工人爬上电线杆修理电线却会感到惊奇。意义的积累增加，使我们对新的问题的认识更自觉，而只有当那些新的疑难问题被转化为熟悉和明白的问题，我们才能理解或解决这些问题。这便是知识的不断盘旋积累的运动。

知识的真正进步，部分源自从先前认为清楚、明白和理所当然的事物中发现不理解的事物，部分源自使用直接理解到的意义作为工具或手段，去理解尚不清楚的和可疑的意义。任何熟悉的、明显的、平凡的事物，只要处在新的情境中，就会出现新的问题；为了理解这些

_{节奏过渡的过程}

问题,人们就会进行反思性思维。任何事物或原则,不论多么奇怪、特殊或遥远,只要熟悉了它们的意义,就可以详细地阐述其所含的意义,即使没有使用反思性思维,也能立刻明了其含义。我们可以懂得、领会、认识、理解和明了种种原则、规律和抽象真理,也就是说,理解它们当前流行的意义。如前所述,直接的理解称之为直接理解,而非直接的理解称为间接理解,智力的进步就在于直接理解和间接理解之间有规律的循环运动。

二、获得意义的过程

熟悉度　　与直接理解相关的第一个问题是,众多直接理解的意义是如何建立起来的。我们如何学会通过审视事物便能判断其为某一情境中的重要成员或者理所当然地认为某物具有具体的含义?回答这个问题的主要困难在于我们对一些熟悉的事物已经了解得十分透彻。思维能够轻易地穿越未探索过的领域,可是要否定已经深刻探索过的、已经植根于人们无意识习惯中的事物,却是难上加难。我们能迅速地直接地理解椅子、桌子、书籍、树木、云朵、星星和雨等。很难想象,它们过去曾经作为意义,

第九章 意义：概念和理解

需要人们努力获得，而如今，它们的意义已经和事物本身融为一体。

人们经常引用詹姆斯的一段话。他说："婴儿同时受到眼睛、耳朵、鼻子、皮肤和内脏的刺激，他所感受到的只是一片永不停歇的、嗡嗡乱响的混沌。"詹姆斯将儿童的世界视为一个整体；然而如果一个成年人遇到新的事物，只要这个事物足够新奇，那么詹姆斯的说法也同样适用于成年人。对于一只"藏在奇怪阁楼里的猫"来说，任何事物都是混乱不清的；通常并没有什么标签能把种种事物区分开来。我们若不懂外语，那外语在我们听来总是含混不清的，我们也很难辨别单个声音组合的意义。乡下人走在拥挤的城市街道上，不专业的水手航行在海上，新手在复杂的运动项目中和老手比赛等，都是例证。没有经验的人初进工厂，对他来说，一切都似乎是没有意义的混合体。在一般人看来，所有异族陌生人同来访的外国人长得都一样。在门外汉看来，他们只能用肉眼分辨羊的体型大小和毛发颜色，而牧羊人却能清楚地看到每只羊的特征。茫茫一片模糊和无法分辨的变化，就标志着我们尚未理解某事。要通过事物获得意义（或者换另一种说法），形成简单理解事物的习惯，

> 混乱先于熟悉度

那就要使模糊不清和摇摆不定的问题在意义上能够达到：
（1）明确或区分；（2）连贯或稳定。

实际的反应使混乱明晰　　意义明确性和一致性的获得主要是在实际行动中实现的。通过滚动一个物体，儿童便理解了什么是圆形；通过拍打这个物体，儿童知道了它具有弹性；通过抛掷这个物体，儿童使重量成了该物体的显著区别特征。是反应、反应性调节行为，而不是感官赋予了一种印象独特的、区别于其他特质（引发不同反应）的特点。例如，儿童通常对不同颜色的理解相当迟缓。对成年人来说，颜色的不同是十分显著的。不可能注意不到它们，也不会费很大力气才会认知和回忆颜色。毫无疑问，人们对颜色的感觉不会相同，但是并未在思维上认识到这种不同的感觉是怎样造成的。红色、绿色、蓝色的物体，并不能引起特殊意义的反应，以致能将它们从颜色的性质中突出地区分出来。然而，某些具有特色的日常反应逐渐地同某些事物联系了起来：白色变成了牛奶和糖的标志，儿童的反应是喜欢吃；蓝色变成了一件衣服的标志，儿童的反应是喜欢穿，如此等等。独特的反应活动能把深藏于其他事物中的颜色特质筛选出来。

再举个例子。辨认耙子、锄头、犁、锨、铲等，对

第九章 意义：概念和理解

于我们来说，几乎没有什么困难。因为每一件工具都有自己特殊的用途和功能。然而，一名攻读植物学的学生在分辨叶片的形状和边缘时，却在识别锯齿形、鹅卵形和倒卵球形方面遇到很大困难；或者，一名攻读化学的学生，在各种酸类中分辨"酸性的"和"亚酸的"时遇到很大的困难。差别是存在的，但是差别是什么？或者我们知道差别是什么，但是哪种差别是可以用到的？事物的形状、大小、颜色以及零件的组织都无关紧要，重要的是它们的使用、用途和功能，是它们与特点和意义的独特性质相关，而且其相关度比我们认为的还要深。误导我们的是这样的事实，即形状、大小、颜色等特质是如此的不同，以至于我们未能看到，问题恰恰在于如何解释它们取得确定性和显著性的方式。只要我们被动地处于事物之中，那些事物就不会从模糊的整体中区分出来。声音的高低和强弱给人们带来不同的感觉，但是，除非我们对它们采取不同的态度，或者做出某些特殊的推理，否则，它们的模糊不清的特质就无法被掌握和记住。

<small>我们通过用途或功能来识别</small>

儿童的绘画为同样的原则提供了进一步的例证。对于儿童来说，并不存在透视画法，儿童的兴趣不在于以绘画再现事物，而在于所呈现的事物；尽管透视

<small>儿童画作阐释了价值的支配</small>

法对于前者来说至关重要，但是它对事物的特色使用以及事物本身的价值毫无关系。绘画中的房屋、墙是透明的，因为房间、椅子、床、人等重要事物代表着房屋的意义；烟囱里总是往外冒烟，否则，为什么要用烟囱呢？圣诞节时，画面上的长袜可以画得几乎和房屋一样大，甚至可以画得比房屋还要大；在每个例证中，都是已为人们所用的价值特性提供了该价值质量的尺度，图画以图像的形式提醒人们它们的价值，而绝非提供人们对其外在性质和感官性质的真实记录。大多数学习绘画艺术的人所面临的主要困难就是习惯性使用和使用产生的结果已经非常深入地融入到了物体特点之中，实际上已不可能随意地把它们排除在外。

行动发声就如同语言标志

通过声音而获得意义，并将该意义变成文字，这也许是最明显的例证。从中可以看出怎样从单纯的感觉刺激获得确定的、持久的意义，并使之相互联系，便于认识。语言是一个非常好的例子，因为有成百上千个词汇，它们的意义已经和物质的特性彻底地联结在了一起，人们能够直接地理解它们的意义。就物质的对象而言，比如椅子、桌子、纽扣、树木、石头、山丘、花朵等，它们在智力上的意义同外在事实似乎是统一的。而就文字

第九章　意义：概念和理解

而言，事物和意义的联结则需要长期的辛苦努力才能获得，进而才能比较容易地去认识它们。物质对象的意义似乎是自发地给予我们的，而不需要我们通过行动进行探索才能获得。但就文字的意义而言，我们不难看到，它是通过发出的声音并注意到随后的结果，通过听别人发出的声音并观察与之相伴的行动，这个声音才最终成了该意义的承载介质。

对意义的类似认识使我们在面对物体时能确切地做出反应，在没有反思性思维的前提下也能预见可能的结果。我们做出的明确预见就帮助我们确定了意义，避免了含混不清；这个习惯性的一再重复的特征就赋予了意义确定性、连贯性和稳定性。

<small>摘要</small>

三、概念和意义

"意义"是一个耳熟能详的词汇；概念和想法这两个词汇也同样是人们广泛使用的专业术语。严格地说，它们并没有涉及新的内容；任何被单独思考的意义经过直接地掌握和使用，并经由词汇对其加以固定，都可以称之为一个概念或者观念。从语言学角度上讲，

<small>一项定义就是一个确定的意义</small>

每一个普通的名词都承载了一个意义,因此,任何恰当的和普通的名词,如果其前面被冠以 this(这个)或者 that(那个)这样的冠词,那么这些名词都是在例示承载该意义的物体。使用并扩大观念、概念的思维活动只是简单地表明,在推理和判断中,我们使用了意义,而且使用概念和观念也纠正并扩大了意义范围。

这就是标准化　　人们会经常讨论一个暂时缺失的事物,但却都能得到同一信念的承载物质。同一个人在不同的时间会经常提到同一事物或者同种事物。这些感官经历、物理条件、心理条件,虽然各有不同,但是却使相同的意义保留了下来。在使用磅称重和使用尺子测量长度的时候,如果这些工具任意地改变测量结果,那我们就无法得到准确的重量和长度。同样的,如果一些外在变化或者人为变化使意义不能保持稳定和恒定,这就是我们的智力定位问题。

借助于概念,我们定义未知事物　　提到概念的重要性之后,我们可以做如下总结:概念或标准的意义是:(1)鉴别的工具;(2)补充的工具;(3)把一种事物纳入一种体系的工具。假如我们在天空中发现了一道前所未有的光束,除非我们拥有大量的意义并可将其作为探索和推理的工具,否则,那道光束对

第九章 意义：概念和理解

于感官而言仍然只是一道光束。它所引发的一切反应也只不过是对视觉神经的刺激。但是基于从以前经验获得的意义，我们对这束光就有了合理的解释。这是否是宇宙碰撞、解体之后所产生的小行星或彗星，或一个新形成的太阳，或一些星云？所有这些解释都有其各自具体的和独特的特点。经过对其进行细微和持续的探究，最终确定，这是彗星发出的一束光。通过一个标准的意义，使物体得到确认和稳定的特征，进而产生了其他认识。所有已知彗星的特性都在这一特征里得到解读，即使我们并未真实地观察到这些特性。所有天文学家过去了解到的彗星的轨迹和结构，都可用来解释这束光。最后，这个彗星本身的意义不是孤立的；它是整个天文知识系统的一部分。所有关于太阳、行星、卫星、星云、彗星、流星、恒星、尘埃的概念都在一定程度上可以相互参照。当这一束光被确定为彗星时，它就成为这个庞大的知识王国的正式成员。

并对可被感知的现实进行补充

使事情系统化

达尔文在自传中说，他年轻的时候，曾经告诉过地质学家西奇威克，自己在一个砂石坑里找到一个热带贝壳。于是西奇威克说，它肯定是被什么人扔在那儿的，又说："但是，如果它真的原本就埋在那儿，这将是地质

知识体系的重要性

学最大的不幸，因为它将推翻一切我们对英格兰中部县的地表储藏的认知。"即自冰河时代起。然后达尔文说："当时我感到很惊讶，当西奇威克得知，如此美妙的热带贝壳在英格兰中部地表出现时竟然不兴奋。没有什么更让我清楚地意识到，一个热带贝壳正在英格兰附近被发现。没有什么让我彻底认识到，科学的意义在于收集事实，只有这样，才能从中得出一般性规律或结论。"这一事例（当然，这可能在任何其他学科上也会发生）表明科学的观察使得概念使用中系统化的倾向趋于明显。

四、什么不是概念

概念等同于提供了识别和放置细节信息标准规则的意义，这一说法可能与现今对其性质的某些误解不同。

<small>定义不是裸露的保留物</small>　　1. 概念不是通过去除事物间的不同特性，同时保留一致特性，而从众多不同的、确定的事物中得来的。人们有时候这样描写概念，即概念起源于具体的事物：孩子们开始认知时，是通过很多不同的、具体的事物进行认知的，比如具体的某些狗：属于他自己的名叫菲多的狗、属于他的邻居的名叫蒙特卡洛的狗和属于他的表妹

第九章 意义：概念和理解

的名叫托雷的狗。在所有这些不同的狗面前，他分析到许多不同的特点，比如：（1）颜色，（2）尺寸，（3）形状，（4）腿的数目，（5）毛发的数量和质量，（6）消化器官等；然后去除所有不相似的特点（如颜色、大小、形状、毛发），保留相同特性，如四足动物、家养动物，这些特点是狗狗们共有的特征。

事实上，孩子们从已经看到的、听到的和触摸过的任何狗身上得出了一些意义。他发现，他可以利用过去的一些经验，对后来的事物提前做出推测，即通过某些行为模式特征，提前对某些行为进行判断。只要提供线索和提示，他就会做出相应的预判；只要认知对象原谅他如此轻易地做出判断，他就会这样预判。于是他把猫叫作小狗，或把马叫作大狗。随着发现其他的特征及行为模式并不符合，他就得丢弃某些有关"狗"的意义特征，而转而选择并强调其他一些特征。随着他进一步将这一含义运用到其他狗的身上时，"狗"的意义得到了进一步确定、明确。他不是从不同的物体中得出共同点的，而是将以往经验中任何能够帮助他进行理解的特征都运用到了新的经历上。这个不断假设和实验的过程，会由结果去验证或否定，而他的概念也就变得更加巩固、明确。

而是一种积极的态度

由于其用途，它具有通用性

2. 同样，概念变得通用是因为它们得到了使用和应用，而不在于它们的组成部分。这种认为概念起源于不切实际的分析的观点，和其相反的观点一样，都包含了这样一种想法，即观念是由所有去除大量个性化特征的相似因素构成的。而事实并非如此，当人们获得了一个意义时，该意义就成了人们进行进一步理解和理解其他事物的工具。因此，该意义内涵得到扩大，用以涵盖这些理解的事物。一般性特征之所以重要在于将其应用到理解新事例方面，而非理解构成部分。从数以百万计的事物中收集特性，这些特性不过是残留物，不过是简单的聚合、存货或者事物总和，而并非一般性特征；在任何一段经历中得以强调的一项显著的特征，如果被用来帮助我们理解一些其他经历，将因此变成一般性特征。综合并非将事物机械地进行简单相加，而是在于将某个案例中发现的部分特征应用于其他案例中，使其与前述案例保持一致。

五、意义的定义及组织

一个不具备认知能力的人是不会产生错误认识的。

第九章 意义：概念和理解

但是通过推理解释获取知识的人就很容易产生错误理解、错误认识或错误的行为。误解和错误的主要原因在于意义的不确定性。意义模糊就会使我们对他人、事物甚至我们自己产生误解；也因为意义模糊不定，我们歪曲事实、行为反复无常。有意识地歪曲意义可被戏称作无稽之谈；而错误的意义，如果其本身轮廓清晰，是可以被追踪到并且加以避免的。但是模糊的意义不能提供解释，也不能给其他观点提供支持。它们是无法提供检验且不负责任的。模糊的概念将不同的事情混杂在一起，无法形成准确的意义，也无法避免意义不明之处。这是逻辑的最原始错误。完全避免这种错误也是不可能的；我们只能缩小错误范围和降低错误程度。要做到意义明确，一个意义必须是独立存在的且完善而透明的。这种意义的技术性称谓叫作内涵。获得这一意义的过程叫作定义。人、河、种子、诚实、首都、最高法院等词语的意义都表明了各自所含的特点。而这一意义就蕴含在这些词汇的定义中。检验一个意义的确切与否，就要看它能否明确地展示一组具有相同特征的东西，并使其与其他事物区分开来。比如"河"这一含义就能代表劳恩河、莱茵河、密西西比河、哈德逊河、沃巴什河等，尽管它们所

确定性对抗模糊性

抽象的意义是内涵

在其用途中它是延伸

处的地点、自身的长度、水质都不同；而不能用来表示洋流、池塘或小溪。使用意义区分并收集众多独特存在的事物就构成了意义的外延。

定义与分类　　定义产生内涵；而对一组相同事物的分类将产生该意义的外延。定义对应内涵，分类对应外延，这两组是相互联系的。借用前文所言，内涵是指用作原则识别细节信息的意义；而外延是指已被识别和区分的一组细节信息。意义同外延一样，是虚而不实的，不能指示某些目标物体或者一组物体；如果根据它们通常所表明的、例证的典型意义，不能将其归入某些组别或者某些类别，那么物体在思维上就是孤立的、独立的，就如同它们在空间存在的状态一样。定义和分类共同使我们拥有了个性的或者确定的意义，指出了意义所指的物体组别。它们成了巩固和组织意义的典型象征。因此，只有当任何一组经历的意义被清楚地整理，并可以作为原则，用以收集那些经历，使之互相关联时，那么这一套细节信息才会成为科学。也就是说，定义和分类是科学的标志，区别于互不相连、杂乱无章的大量信息，也区别于未曾注意到连贯性便将其引入我们经验的习惯性做法。

定义有三个类别，即指示性的、说明性的和科学性

第九章 意义：概念和理解

的。第一个和第三个概念在逻辑上非常重要；而第二个概念在社会中与教育上占有重要地位，并起到连接第一类和第三类概念的中介作用。

    1. 指示性的。一个盲人是无法真正弄清红色和彩色之间的分别的。而没有视障的人通过自身某些旨在注意到这些性质的器官就能够掌握色彩知识。这种通过使用某种感官界定意义的方法就叫作指示或者象征。对于所有的感官特质，如声音、味道、色彩等都要用到这种方法；对于情感和道德及品质方面的特质，如诚实、同情、憎恨、惧怕等，这种方法也必不可少。这些情感的意义必须通过掌握一手资料才能为个人所拥有。所以教育改革家在反对纯语言纯书本授课时，所凭借的原因就是缺乏第一手的体验。不管一个人的学识和所接受的科学训练多么高级，在理解一个新科目或者科目的新知识面时，都必须对所需了解的物体或者特质进行直接的体验。

<small>我们通过挑选来定义</small>

    2. 说明性的。具备了一定数量的、直接或间接区划的意义积累后，语言就形成了建立想象组合和变量的源泉。这样的话尽管没见过介于绿色与蓝色的颜色，也可以加以界定；如要给老虎定义的话（即使关于它的观念变得更明确），便可以用一些猫科动物的特征，并结合其

<small>也通过结合已经更确定的</small>

他物种的大小及重量特征来说明。例证是具有说明性质的，字典里的定义也是说明性的。选取已知的意义并加以联系，那么所获得的包含某个意义的一组意义就会为某人所用。但这些定义都是二手的、间接的；有可能会出现摒弃直接获取第一手资料的努力，而接受权威观点的危险。

还有通过发现产生的方式

3. 科学性的。受大众欢迎的定义被用作原则，进而用来识别和界定个性特征，但是该识别和界定主要也处于实际目的和社会目的，而并非智力目的。将鲸看作鱼类并不妨碍一个渔民成功地捕到鲸鱼，也不会妨碍他正确地识别鲸鱼。如果知道鲸是哺乳类动物，也同样不会妨碍捕鱼这一目的，还会为科学地认识这一物种，以及将其正确分类提供更有价值的原则。受人欢迎的分类是选取明显的特征。而科学的分类则选取原因、结果、产生条件这些特色资讯。日常定义并不能帮助我们理解为何某个物体具有通常的意义和特质；它们只是简单地陈述了拥有这些意义和特质的事实。科学分类关注物体构建的方式，将其视为成为某种物质的关键，也因此解释为何该事物如此分类或者具有普通特质。

如果一个具有相当实践经验的门外汉被问到如何理

第九章 意义：概念和理解

解金属时，他的回答可能是金属实用的品质：（1）如何辨别任何一种给定的金属；（2）如何锻造该金属。在对金属进行定义时，他可能会包括光滑、坚硬、有光泽、密度大等特性，因为这些特性使我们能够识别看得见的和触摸得到的物体；而锻造的特性就包括其延展性好、加热熔化、遇冷变硬，所以可以改变和恢复形状，还具有抗压、抗腐蚀的特性。不管是否用到"可锻造的"和"可熔的"这样的词汇。而科学概念，在未使用这种特征时，即使附加了额外特征，也能在不同的基础上决定意义。目前金属的科学定义是这样界定的：金属是指任何与氧气结合并形成分子群的化学物质，也就是，与氧气结合后的产物，可与酸形成盐类的物质。这个科学的定义不以直接观察的特性为依据，而是以与其他物质间的联系为基础，也就是说，它指示出了一种关系。化学表明了物质之间相互作用形成新物质的关系；物理表明了物理相互作用的关系；数学表明了数的功能及群阶的关系；生物表明了物种的变异及与环境的关系；这些都是科学的范畴。简而言之，我们的概念包含了数量最多的个体特征和共性，显示了它们相互之间的影响，而非仅仅表达物体的静态特性。最理想的科学概念就是获得概

对比因果性与描述性定义

科学是最完美的知识类型，因为它使用了因果关系的定义

念的灵活自由性，并实现相互转化；这就取决于它们在多大程度上相互联系，以及在不断变化的过程中的动态关联，这一原则便是具有远见的发展或进步的模式。

第十章 具象思维和抽象思维

老师经常引用的格言,"从具体事物出发,引出抽象事物",尽管我们熟知这句话,却未必能理解它的含义。很少有人在读过或听过这句话后对具象这一出发点有一个清晰的概念;理解抽象这一目标的性质;以及从一端向另一端所走的道路的准确性质。有时这句格言的用意是积极的,用来指示教育应该前进的方向,从事例到思想,好像任何不假思索处理事情的过程都可能具有教育意义。这样理解,这句格言所倡导的是,在一端,即底端教育教学阶段,以及另一端,即高等学术和非应用学习阶段,遵循机械的学习路径或者感官的刺激方法。

名义上,所有事情的处理,甚至是孩子对事情的处理,都充满着推理判断思维;事物被他们提出的联想包围,而且非常重要,正如挑战之于解释、证据之于证实信念那样。没有思想的指示是最不正常的;没有建立判断的感官感知也是一样。如果我们最终取得的抽象思想游离于事物之外,那么所得到的目标也只是形式上的、

有关具体和抽象的错误观念

空洞的，因为有效的思维总是或多或少与事例相关。

再一次直接和间接的理解

以上原则在补充理解之后便有了一个意义，即表达了逻辑能力发展的脉络。它有何重要意义？由具体的现象表明的这种意义明显区别于其他意义，以便它本身被人们理解。当我们听到这些词：桌子、椅子、炉子、大衣，我们不必思考就知道它们的意思。这些词清楚地表明了其本身含义，所以无须费力解释。然而，一些词和事物只有在先思考其他更熟悉的事物，并找到两者的联系之后才能找出理解的盲点在哪，最后才能知晓其真正意义。大致说来，前一种意义是具体的，而后一种意义是抽象的。

熟悉什么是智力上的具体形式

对于一个非常熟悉物理化学的人来说，原子和分子就相当具体。运用它们根本无须思考其含义。但是对于一个外行或新科学家来说，他们不得不先回忆一下较为熟悉的内容，然后才能开启缓慢的理解过程；如果中断熟悉的事物及由此过渡到陌生事物的线索的话，原子和分子便很容易丢失难以理解的含义。同样，不同点也可以从专业性术语上看出来：例如代数中的系数和指数、几何中的三角和直角以及政治经济学中的资本和价格等，这些词都与日常含义有区别。

第十章 具象思维和抽象思维

以上所说的不同纯粹只和个人智力发展有关;一个时期抽象的事物在另一个阶段可能就变成具体的;或者相反,当某人发现本来完全熟悉的事物反而会包括陌生的因素及未解决的问题。尽管如此,还是存在一道分割线,从整体上将人们熟悉的事物同陌生的事物区分开,进而更加恒久地划分出具体事物和抽象事物。这些界限主要是由实际生活的需要决定的。诸如木棍和石头、肉和马铃薯、房屋和树木等事物都是生活中不可或缺的恒常元素,为了生存,我们需要考虑这些因素,尽快学习它们的重要意义,并把它们与其他事物永久地联系起来。当某个事物与我们有关(或者是我们所熟悉的事物),我们便会熟悉它,并且忽略掉它陌生而且未曾预料的方面。由于社会交往的必要,成年人不断地充实着其对税、选举、工资、法律等术语具体意义的理解。那些我们不能立刻明白的东西,像厨具、木工工具、编织工具,也被我们毫不犹豫地归于具体事物,因为它们与我们的日常社会生活息息相关。

相对而言,抽象的事物是理论上的事物,它们不与实际行为紧密相连。抽象的思想者(人们有时候叫他们纯科学工作者)有意从生活的实际应用中抽象出某些理

实际的事情是熟悉的

论；也就是说，他根本不考虑实际用途。然而这种考虑只是消极的看法。撇开了与使用和应用的联系之后，还剩下什么呢？很明显只剩下与思考的内容本身相关的目标了。很多科学观点都是抽象的，并不是因为缺失了长期的实习就无法理解科学观点（这与艺术技巧的获得过程是一样的），还因为它们意义的全部内容是出于获取更多知识、促进探索和推测这一唯一目的才得以形成的。当思维被用作达到某种目的、得到某种好处或者实现某种价值的手段时，它才是具体的；而当它仅是作为纯粹思考的手段，它就是抽象的。对于一个理论家来说，一个想法是足够的、完整的，仅仅是因为它参与了并回报了思维活动；对于医生、工程师、艺术家、商人、政治家，想法只有给生活带来好处它才是完整的，即带来健康、财富、美貌、善良、成功，或者任何你想要的东西。

> 理论上或在智力上严格的是抽象的

一般情况下，对大多数人来说，生活中真正紧急的事件几乎是强加的。他们的主要事务就是合理地指导他们的行为。任何只因提供思考空间而变得重要的时间都是苍白的、遥远的，甚至是人为的。所以注重实际的成功实干家对"纯粹的理论家"心怀蔑视；所以尽管理论家认为有些事情在理论上是非常完美的，但是实际上却

> 对理论的轻蔑

第十章 具象思维和抽象思维

不适用；总体来说，实干家在使用抽象、理论、思维这些词语时，总有一种蔑视的口气，因为它们与聪明是有区别的。

当然，这种态度在特定的情况下是合理的。但是从常识或实际中可知，对理论的贬低并不能包含所有的事实。即使是从常识的角度来说，某个事物因其"太切合实际"，人们只专注了其即刻的现实情况，以至于看不到它的未来，这就如同砍断了支撑某人就座座椅的脚一样。关键是要找到界限、尺度和调整，而不是绝对分离。真正实际的人会自由地思考一件事，不会钻牛角尖，以获得最大的益处；过分关注事物的实际应用只会封闭自己的视野，并在将来毁掉自己。用绳索将我们的思想束缚到实际用途这根柱子上，并不能带来好处。行动的力量在于远见和想象力。人们至少要保有对单纯思考的兴趣以便摆脱陈规陋习的束缚。对知识本身的兴趣，对于纯粹自由思维的兴趣，是解放实际生活并使之内容丰富、不断进步的必备条件。

<small>但理论却高度实际</small>

1. 因为具象指示了应用于有效解决实际出现的问题的思维活动，"从具体事物出发"意味着我们需要从一开始就行动；尤其对于非日常的、非机械性的活动

<small>开始于具体意义，开始于实际操作</small>

更为如此,因为这些活动通常要求对手段和材料予以思维上的选择和调试。当我们仅仅增加感触或收集物理事实时,我们并没有"听从自然的命令"。对数字的教学,不仅仅因为使用了木板、豆子或点等物体或手段就变得具象起来,只要当学生清楚地知道了数字关系的使用和特性,那么即使只使用数字本身,数字的概念也是具象的。正如某个特定的时候,使用什么样的象征,不论是木块、线条还是数字,对于该特例来说,完全是一种调整。如果在教授数字、地理或其他科目时,使用实物并不能让学习者认清实体之外的意义的话,那么这样的教学就会与直接给出定义和定律的方法一样抽象;因为它只会转移学生对概念的理解,使他们只关注到事物好玩的特性。

具体事物与感官上孤立的事物之间含混不清

有这样一个观点,即只需将实体放在学生眼前,就能在学生大脑中留下某个特定概念;这种观点几乎成了教师迷信的信条。将实物引入思考训练比起之前的纯语言教学要进步很多,但该进步也会误导教师,进而导致他们对该方法的应用仅仅是一知半解。事实上,对事物的感知能够发展孩子的思维,但前提是他们能够在自身的活动范围内应用实物。不间断的恰当活动和任务能让他们使用自然资源、工具和各种能力,并促使大脑思考它们的意义、相互之间的联系以及实现目标的方法;而独立存在的事物只能是无用的和僵硬的。几百年以前,基础教育改革的最大障碍在于对语言形式(包括数字)的一味迷信,并据此训练思维;今天,对实物效用的迷信阻碍着改革的道路。就像经常发生的事情那样,"较好"经常成为"最好"的障碍。

2. 对结果的兴趣,对成功完成某个活动的兴趣,应当逐渐转移到对物体的研究上来,即研究它们的特性、结果、结构、原因和效果。成年人在工作中很少有时间和精力去学习所从事事业相关的知识,除非那与他们正在进行的工作有关。针对儿童的教育活动也应该如此安排:使儿童对活动及其结果的直接兴趣引发其对与原始活动存在间接关系和较远联系的事物的关注。对木工和车间工作的直接兴趣应逐步转化为对几何和机械问题的兴趣。对做饭的兴趣应滋生对化学实验、生理学和成长健康的兴趣。对绘画的兴趣应该过渡到对雕塑技巧及美学欣赏的兴趣。这一发展才体现了"从具体事物出发,引出抽象事物"中"出发"的重要含义;因为它代表了这一过程中动态的、真正具有教育意义的因素。

> 将兴趣转移到智力活动

我们如何思维

思考活动的发展　　3.所产生的结果，即教育所要达到的抽象目标，是只对智力发展事物本身产生的兴趣，是乐于为思考而进行的思考。起初，行为和过程只是一些事物的附带产物，但是后来却得到了发展并保持了引人注目的自身价值，这种结局并不新鲜。思维和知识也是如此，刚开始它们只是结果和调节行为之外的附带产物，但是后来，它们吸引了越来越多的兴趣，只是自身成了最终产物而不是手段。这样，孩子就把兴趣渐渐地毫不困难地运用到了反思性观察和检验之中，并成功完成了他们感兴趣的事情。这样就可以大幅度地提升学生的思维活动和扩大学生的思考范围，最终这种思考习惯将变成学生的重要财富。

转换的例子　　第六章讨论的三种情况代表了由实际到理论的循环上升。为了履行约定而进行的思考显然为我们提供了具体事例。想要弄明白船体某部分的意义，这一事例处于抽象和具体状态的中间位置。杆子存在的理由和位置具有实际意义，对于建筑设计者而言，这个问题是纯粹具象的，即其存在是为了保证一系列行动的产生。但对于船上的乘客而言，这个问题就是理论的，带有或多或少的猜测性质。不论他得出杆子的用途与否，这对于他抵

第十章 具象思维和抽象思维

达目的地的目标都没有任何影响。第三个例子,气泡的出现和运动所展示的是严格的理论或抽象问题。无须克服外部存在的障碍,也无须调整为达到目标而采取的外部手段。好奇心,求知欲,受到了来自反常情形的挑战;而思考仅仅根据公认的原则解释明显的例外情况。

应该注意到,抽象思考代表了某个目标,而不是某个特定目标。针对无法直接使用事物而进行的持续思考能力是实际和直接思维模式的衍生品,而非替代品。教育的目标不是毁掉思考的能力,进而使之直接忽略障碍,并对手段和目标做出调整;它不应由抽象反思性思维取代。理论思考也并不是比实际思考更高一级。掌握这两种思考形式的人比只懂得一种思考形式的人要高明。发展抽象思维能力的方法若减弱了实际和具体的思维习惯,就与在培训计划、发明、安排、预测能力中所用的方法一样,没有达到教育的目的,不能带来无关实际结果的思维的一点乐趣。

<small>理论知识从未停止</small>

教育者应该注意到个人之间存在差异;他们不能将一种模式和类型强加给所有学生。很多学生(也可能是大部分学生)的实际思考行动——思维习惯倾向于以指导行动和取得结果,而并非获得知识为导向——仍然占

<small>大多数小学生并不使用同一思维模式</small>

163

据主导位置。在成人中，工程师、律师、医生、商人的数量比学者、科学家和哲学家的数量要多得多。当然教育应当使人们都具有学者、科学家和哲学家的精神，不管他们的职业兴趣和目的如何。但却没有道理认为一种思维习惯就比另一种要优越，也没理由强制地将实际型思维转变为理论型思维。我们的学校不正因为单方面倾向抽象思考，而给大部分学生带来不公吗？难道不是由于缺乏"不拘一格的"和"人性化的"教育，才培育出了专业化强、严格意义上的思想家吗？

> 教育的目标在于取得有效的平衡

教育的目标应该保证两种思考态度的平衡互动，充分关注对个性特征的处置，以便不损害或者削弱某人天性中较强的能力。更加具象的个性特征非常狭隘，需要予以拓宽。教师应抓住实际活动中的每一个机遇，来发展学生的好奇心并培养他们对问题的思维怀疑能力。不能依靠暴力来抑制自然性情，而应尽力拓宽后者的发展可能性。对于那些对抽象的纯粹智力问题非常感兴趣的少数人来说，应该努力去增加应用思维的机会和需要；将象征性的真理运用到社会生活的目标中去。每一个人都有这两种能力，如果这两种能力能够紧密地联系起来，那么每个人的生活都会变得更加有效更加快乐。

第十一章　经验思维和科学思维

一、经验思维

除了科学方法的发展，推理是基于某些习惯而发生的，这些习惯是在没有经过逻辑编排而汇聚到一起的大量具体经验的影响之下形成的。比如 A 说："明天大概要下雨。"B 问："你怎么知道呢？"A 回答："因为太阳落山时天空显得很低。"那么 B 又问："这和明天下雨有什么关系呢？"A 回答："我不知道。但是通常出现这种情况之后，天就会下雨。"A 不知道天空显示的迹象和雨的到来之间有什么联系；他也不知道这些事实本身的任何连续性，就像我们通常所说的那样，他不知道任何相关的定律和原则。从观察到两件事情经常连续发生，他便把二者联系到了一起，这样，当他看见其中一种现象出现时，就会联想到另一种现象。其中一件事暗示了另一

> 经验主义思维依靠过去的经验

件事的存在，或者说与另一件事紧密相连。一个人可能因为查看过晴雨表而相信明天会下雨；但是如果他不具备水银柱的高度（或水银柱升降刻度的位置）和大气压的变化之间如何关联的概念以及这些表象怎样和空气湿度联系在一起的知识，那么他对下雨的猜测就纯粹是经验性的。当人们在野外生活，并靠打猎、捕鱼或放牧为生时，测定天气变化的征兆和迹象就变成了一件非常重要的事情。大量的格言和谚语在形成众多民间传说的同时，也得到了发展。但是只要没人知道某些事物为什么或者是如何成了其他事物的迹象，只要天气预测仅仅依靠重复出现的相关事实，那么关于天气的信念就完全是基于经验的判断。

在某些事情中，这样做足够了

　　同样，当聪明的东方人还不理解天体运行规律时，即在缺乏有关事物内在连续性概念的时候，他们就能够相当精确地预测出行星、太阳以及月亮的周期位置，并能预告日食、月食出现的时间。通过观察相同情况下反复发生的事情，他们才获得那些认识的。一直到不久以前，医学也是在这种条件下得到发展的。经验表明，"大体上""一般说来"或按照通常说法，当某种症状出现时，对其施以某种药物治疗就会取得较好疗效。我们大部分关于人类个体本性的认识（心理学）和群体本性的认识（社会学）仍然是经验性的。甚至几何学，这在现代人看来隶属典型推理科学的学科，最初起源于埃及人积累的类似地表测量方法的观察记录，传到了希腊人那里，才逐步具备了科学的形式。

纯粹经验思维的缺陷是明显的。

1. 首先尽管许多经验性结论从大体上说来是正确的，尽管它对实际生活确有很大的帮助；尽管那些善于预测天气的渔民和牧人的预言，在有限的范围内，比那些完全依靠科学观察和测量的科学工作者所做出的预报更加准确；尽管实际经验观察和记录为科学知识的形成提供了素材和原料，然而依靠经验的方法却不能辨别结论的正确与否。因而，经验方法又是造成大量错误信念的根源。最普遍的谬误之一，术语称之为"误认因果"，即相信如果在一件事情之后出现另一件事情，那么前者就是后者的原因。这种方法的缺陷来源于经验性结论的主要根源，即使有时结论是正确的，那也几乎是侥幸的。土豆只能在月亮上弦时下种，海边地区的人在涨潮时出生，在退潮时死亡，彗星是危险的预兆，摔碎镜子将有厄运降临，一种特定药物只能治愈一种疾病，这些以及其他

但它会导致错误的信念

类似的见解都恰巧在经验和联想的基础上得出。

> 也不能够让我们应付新情况

2. 有关经验的事例越多，并且对事例的观察越细致，那么事物之间持续联系的证据就越可靠。我们许多重要的信念，至今仍然依靠这种保证而存在。衰老和死亡，从经验上来看，在所有预期事物中最为确定，但是至今也没有人能讲出有关衰老和死亡的确切、必然原因。即使对于这类由经验而得的最可靠信念，在遇到新异的情境时也将失去作用。因为这些信念与过去的经验相符合，如果新的经验在相当程度上脱离了过去的情境和以往的先例，它们就没有用处了。基于经验的推论是遵循习惯性行为产生的常规惯例而进行的，一旦常规惯例消失，前述任何推论就再也找不到应该遵循的规律。克利弗德发现普通技巧和科学思维之间不同，就在于此，这是很重要的。他说："技巧能使人应对自己从未遇见过的情况。"而且他还认为科学思维的定义应该是"将旧有的经验应用于新的情况"。

> 而且带来懒惰、专横以及教条主义

3. 我们还没有了解经验方法害处最大的特点。心智迟钝、懒惰、过度保守性大概与经验方法相伴相生。而且它们对思维态度施加的普遍负面影响比它们获得的错误结论更为突出。任何形式的推论都主要依靠它们与过去经验中观察到的种种事物的联系,而忽略了它们在通常情况的不同之处,夸大了可以顺利确定的事例的作用。因为思想自发地需要一些与其紧密结合的动因,需要在孤立的事实和原因之间建立某种联结的环节,为了达到这个目的,思想竭力地任意虚构这种联结。我们对幻想和神话的解释就是为了弥补所缺的环节。再比如,水泵能抽出水是因为自然界厌恶空虚;鸦片使人入睡是因为它有催眠效果;我们能够回忆过去的事情是因为我们的大脑有记忆的功能。在人类知识进步的历史中,经验论发展的第一阶段孕育出了神话,而在其发展的第二阶段,隐藏的"本质"和神秘的"力"就出现了。正因为存在这种隐藏的、神秘的性质,导致了我们观察不到某些原因,所以我们对于它们做出的解释,既不能用来证明也不能用来驳斥后来的观察和经验。所以由此产生的这种信念就变成了纯粹的传说。我们对信念的解释不断反复、世代相传,就变成了教条的思想,而这实际上扼杀了后来的探索和反思性思维。

某些人成为这些教条思想的公认捍卫者、传道者,即今天的教育者,这使这些教条思想得以永世长存。怀疑这些信念就等同于怀疑信念的权威性;而承认这些信念，就表明对权威代表的忠诚，并且证明你是一名好公民。相应地，被动接受、驯从和默许教条思想就成了主要的美德标准。而对于种种新奇多样的事实和事件，这些信奉教条思想的人所表现出来的态度，或者视而不见或者是强加修剪，竭力使其与教条信念一致，一味引证古老的定律或众多杂乱的未经仔细审查的事实，而把探索和怀疑置于脑后。这种思维态度导致拒绝变化、厌恶新奇的态度，而这对于取得进步是十分有害的。凡与既定准则不符的都是异端邪说；而凡是取得了新发现的人就会遭到人们的质疑甚至迫害。最初的时候，信念也许是基于广泛的、细致的观察，而一旦该信念固化成了传说和神圣的信条，它就僵化了，被当作权威简单地接受下来，并且同权威人士所偶然信奉的幻想式的概念混合在一起。

二、科学方法

科学的方法分析了当下的实例

科学方法与经验方法正好相反，科学方法是找出一种综合的事实，来代替彼此分离的、反复结合或联结的事实。为了达到这一目的，必须把观察到的、粗糙的或

第十一章　经验思维和科学思维

凭肉眼即能看到的事实分解成为大量的、无法直接感觉到的、更为精细的过程。

如果问一个普通人，为什么一个普通水泵开动起来，能将水塘里的水抽到高处地面？他将毫不迟疑地回答："因为水泵有吸力。"吸力被看作类似于热力和压力的一种力。假如这个人注意到，水在水泵牵引的吸力下，只能上升大约 33 英尺，于是，他就能很容易地解释这个难题了，即：各种力的强度是不同的，而且每种力都有各自的极限值，一到这个极限值，力就不起作用了。由于海拔高度不同，水泵吸水所能达到的高度也会随之变化。对于这种现象，普通人或许注意不到，但是即便他注意到了，也会错误地认为那只是自然界中千奇百怪的奇妙现象之一。

采纳经验方法的阐释

相反，科学工作者的认识则更为先进，认为虽然观察到的事物表面看起来是一个单独的物体，但是实际上它是综合联系的事物。所以，他试图把水在管中上升这一单独的事实分解成许多细小的事实，使之成为数据。所采用的方法是尽可能变换条件，并且随时注意，当每一个条件被排除时，会发生什么情况。有两种变换条件的方法。第一种方法是基于经验的观察方法。它包括不

科学方法依赖于差异

同条件下偶然进行的大量观察，以及对其结果的仔细比较。这样，在不同的海拔高度上，水上升的高度也不同。还有一种特殊情况，即使在和海平面等高的地方，水上升的高度也没有超过 33 英尺，如果这些事实得到了重视，那么我们就会发现在什么样的特殊条件下，会产生什么样的结果，以及排除什么样的条件，便不会产生类似的结果。这样一来，这些特殊的条件就代替了简单的事实。一些更确定、更精确的资料就为理解这个事实提供了线索。

还有创造差异　　然而，这种对事实的比较分析方法是有严重缺陷的；只有当数量相对众多的不同事实自发地呈现时，才能使用这种分析方法。而且，即便这些事实呈现了出来，那么它们的变换对于理解所讨论的问题是否具有重要意义呢？这仍然是一个问题。这种方法是被动的，而且往往还要依靠外界偶然的事件。所以，主动的或依靠实验的方法具有优越性。即使数量不多的观察事实也能暗示一种解释，即一个假设或理论；依据这个暗示，科学工作者就能有意识地变换条件，并且观察相应发生的情况。如果经验的观察向他提出了暗示，即水面上承受的空气压力和未承受空气压力的管子中水的上升之间可能有联系,那么他就可以有意识地排掉盛水的容器中的空气,使所谓的"吸力"失去作用,或者有意识地增加水面上的大气压力,以观察相应的结果。他还进行了其他实验,即计算海平面以及海平面以上不同高度的空气重量,然后推出单位面积水面上的空气压力,并把推论结果和实际观察到的结果进行比较。依据某种思想或理论,变换条件进行观察就是实验。实验是科学推论的主要来源,因为它最便于从杂乱无章的事实中挑出重要的因素。

实验思维,或者科学思维,就是一种分析和综合相结合的过程,或者用简单的术语来说,是区分和鉴别的过程。当吸力阀门启动时,水就会上升;把这个事实的整体分解或区分为一些独立的可变因素,其中一些是人们以前从未观察到的,还有一些是人们想到过的和这个事实存在关联的因素。其中大气的重量被挑选出来作为理解整个现象的钥匙。这种分解方法就叫作分析。但是,大气以及它的压力或重量不只限于这一事例。它是家喻户晓的事实,至少在其他大量的事实中,可以发现大气压力的作用。选定这个不为我们感知的、细微的事实作为水泵抽水高度的实质或关键,水泵抽水现象就与以前孤立存在的、种种普通的事实联系起来并形成了整体。

_{再次分析和综合}

这一过程就是综合。而且，大气压力这个事实本身是所有事实中最普通的一种，即存在重力或万有引力规律。凡是适用于普通重力事实的结论，同样可以用于思考和解释水的吸力这种比较罕见的特殊事例。这种吸力水泵被看作是相同种类事物的一种。如虹吸管、晴雨表、气球的上升，以及其他乍一看根本不存在任何关系的大量事物。这是思维综合功能的又一个事例。

如果我们现在回过头来，思考科学思维相对于经验思维具有什么优势，我们可以找到如下几点：

> 减轻误差责任

1. 增加了安全性。由于用大气压力这一详细的、特殊的事实替代了吸力这个粗泛的、整体的和相对混乱的事实，因此提高了论证可靠性，增加了确定或论证的因素。后者是复杂的，它之所以复杂是因为有许多未知的和未曾提到的因素。所以，任何有关它的描述或多或少地都带有偶然性，而且遇到任何未曾预见的情况变化，这种描述也很可能会被推翻。比较而言，空气压力这个细微的事实至少是可测量到的、可以确定的事实，能够被人们挑选出来并且加以控制。

> 管理新业务的能力

2. 由于分析增加了推论的肯定性，因此综合就显示了妥善应付新异情况的能力。重力是比大气压力更为普遍的事实，而大气压力又是比水泵吸力作用更普遍的事实。能够以普遍的、经常发生的事实替代那些比较罕见的、特殊的事实，就等同于把表面看起来新异的、特殊的事实变为普通的、为人们所熟悉的原则，这样一来新奇和异常的情况就能够得到人们的控制，并使人们能够对其做出解释和预测了。

正如詹姆斯教授所说的那样：把热看作是运动，那么凡是适用于运动的原则，也都将适用于热；但是，每当我们有一次热的经验时，却等同于拥有一百次运动的经验。光线穿过透镜可以被看作是光线垂直折射的事例，你就可以使用无数日常所见的、人们非常熟悉的概念，比如线的方向的特殊变化来替代比较陌生的光线折射事例了。

3. 从信赖过去、常规和习惯的保守态度，转变为相信通过理智控制现有条件而取得进步的科学态度，这种转变当然是由基于实验的科学方法所引起的变化。基于经验的方法不可避免地夸大了过去的影响；而实验的方法则寄希望于未来的种种可能性。经验的方法说："事实数量不足的时候，我们要等待。"实验的方法说："我们可以制造事实。"前者依靠自然界偶然呈现给我们的情境联系；而

对未来或发展保有兴趣

后者则有意识地、有目的地努力使这些联系凸显出来。通过这种方法，进步的概念便获得了科学的保证。

自然的力量对逻辑的影响　一般经验大体上会受到各种偶发事件力量和强度的直接影响和控制。凡是强烈的光亮、突然发生的事情、巨大的响声都能引起人们的注意，并得到人们对其显著的评价。人们容易忽视暗淡的、微弱的和连续发生的事物，或认为其无关紧要。习惯的经验做法倾向于用直接的和即时的力量来控制思维，而不考虑那些在长时期内会发生重要作用的因素。总的来看，动物没有预测和计划能力，对于非常紧急的刺激，它们会立即做出反应，否则它们将无法生存。当思维能力得到发展的时候，这些刺激并没有失去它们原本的紧迫性和强烈性；但是思维要求这种直接即时的刺激服从于长远的要求。有时候，微弱细小的事物可能比强烈的、庞大的事物更加重要。因为后者象征着事物本身的力量可能已经耗尽；而前者则显示着一个崭新的过程即将开始，这个过程包含着特有事物的全部发展趋势。科学思维首先需要思维者将自己从感官刺激和习惯的束缚中解放出来；这种解放也是进步的必要条件。

请思考下面这段引文："当人们最初想到流动的水与人力或畜力具有一样的动能，也就是说，它具有克服

第十一章 经验思维和科学思维

惯性和阻力，推动其他物体运动的能力；当人们看到一条溪流，便联想到了它与动物的力具有共同点，这就为人类增加了一种新的原动力；而且当情况允许时，这个力就能够替代其他形式的力了。在现代人看来，转动的水轮和漂流的木筏具有共同点，这似乎是可以理解的，也是人们所熟知的。但是如果我们追溯到早期时代，并以当时人们的思想思考同一问题，即当流动的水以它的光辉、巨吼和不定期的破坏烦扰着早期的人类时，我们轻易就能推想到：早期人类绝不会将河流的动能与动物强壮的力等同起来。"

<small>从流水中得到的阐释</small>

如果我们对这些明显的感官特点，附以各种固化个人态度的社会习惯和期望，那么以前的经验，即过去的、或多或少未加控制的经验就会明显地暴露其压制自由和暗示的弊病。抽象思维就是把思想从那些固定化的、习惯性质中解放出来，只有这样，人们才能进行更深入的分析和更广泛的推论。

<small>抽象价值</small>

总之，经验这一名词需要使用经验的或实验的思维态度对之进行解释。经验不是呆板的、封闭的；而是充满活力的、不断发展的。当经验局限于往事，受习惯和常规支配的时候，就常常变成了理性和思考的对立面。

但是，经验也包括反思性思维，它使我们摆脱了感官、欲望和传统等局限性的影响。当然，经验也会吸收和融汇一切最精确、最透彻的思维所展现的事物。的确，教育应该被定义为对经验的解放与扩充。一个人在儿童时期的可塑性比较大，他还没有受到孤立经验的影响，思想变得僵化，以至于思想习惯已经过度经验化，到了无法救药的地步。儿童的态度是天真的、好奇的、实验性的；社会和自然界对于儿童来说都是新奇的。正确的方法能够保持和完善这种态度，使个人能找到捷径，了解整个民族缓慢的发展过程，并消除那些由于呆板的常规和依靠过去的惰性而带来的浪费。

第三部分
思维训练

第十二章　思维活动和思维训练

本章将集中并详细讨论前述章节的观点。我们将主要按照人类发展的历史来进行阐述。

一、早期活动阶段

看到一个婴儿，我们常常会想到这样的问题："你猜想一下他在想什么？"按理说，人们是无法对这个问题做出详细回答的；但是同样，这样的问题能够使我们明确儿童的主要兴趣。儿童面临的主要问题是控制自己的身体，使之能够感知舒适安乐，并能有效地适应自然和社会环境。婴儿几乎会学习每一件事情，比如看、听、伸手、触摸、保持身体平衡、爬、走等。即使人类比低级动物拥有更多的本能反应，但是这种本能倾向也没有动物的本能那么完善。而且，如果人类没有结合才智对自身本能进行指导，那么这种本能就几乎没有任何用途。

1. 宝宝的问题决定了他思考的内容

一只小鸡不仅在长大之后用嘴啄食，而且当初，当它从蛋壳里出来的时候，就已经这样尝试了几次。这需要眼睛和头部的复杂配合。可是婴儿在出生后几个月里，还无法明确地抓到眼睛看见的东西。即使他适应了这一切，但他还需要经过几个星期的练习，才能做到准确地抓住看到的东西。一个小孩想要摸到月亮，这的确是不可能的。他的确需要一些练习，才能分辨是否能够抓到某个物体。婴儿的眼睛一受到刺激，手臂就本能地伸展开来，做出相应的反应。这种倾向是准确而迅速地伸展和抓握能力的根源；尽管如此，最终要达到精通熟练，仍然需要观察，需要选择有效的动作，并且按照一定的目的来安排这些活动。这些有意识的活动、选择和安排的作用就构成了思维，尽管它只是一个初步的思维形式。

对身体的掌控是智力问题　　因为控制身体各器官对儿童以后的发展是必要的，所以这样的问题就显得既有趣又重要。而且，解决这个问题的过程又为培养思维能力提供了真正意义上的训练。儿童很喜欢学习探索如何运用他的手足，喜欢触摸他所看到的东西，把声音和所看到的东西联系起来，把所看到的东西和尝到的、触到的东西融为一体；而且儿童在出生后的一年半时间里，智力水平也会有迅速的提高

（这一时期，儿童掌握了身体运用的基本问题）。所有这些都充分地证明了身体控制的发展，不仅是身体本身的发展，而且还有智力上的发展。

2. 社会判断和交往的问题

尽管在最初的几个月中，儿童主要将时间花费在学习运用身体以及如何熟练有效地运用事物的实践中，使自己安然地适应周围的物质条件；然而，对社会的适应也是很重要的。儿童在与父母、保姆、兄弟、姐妹的相处中，就学会了满足食欲，消除不适，要求适宜的光线、颜色、声音等的示意方法。他与自然事物的联系是受人控制的，因而他很快就能分辨出，人是所有与之关联的对象中最重要、最有趣的对象。语言是唇舌运动与声音的精确配合，因而是适应社会环境的最重要的工具。随着语言能力的发展（一般是在第二年），婴儿对行动及与别人相处的适应就给他的心智发展奠定了基础。当他看到别人做事时，他会尝试着去理解，而当他接受别人的鼓励，并尝试无法办成的事时，他的活动范围就可能被无限地扩大了。心智活动的轮廓，就这样在人生最初的四五年中形成了。几年、几个世纪、几代人的发明和规划，已使成人的工作和职业取得了重大发展，而儿童正是处在这个环境之中。然而，就儿童而言，他们的行动仍然受到物体或外界的直接刺激影响；这些活动是儿童所处自然环境中的几个组成部分；它们是吸引儿童的眼球、耳朵和触觉，并引发行动的物质条件。当然，通过儿童的感官是不能直接掌握这些行动的意义的。但是，这些行动提供了使儿童产生反应的刺激物；这样，他的注意力就集中在较高层次的、更为重要的问题上了。前一代人所取得的成就形成了指导下一代人活动的刺激物，如果没有这一过程，人类文明的历史就不能长久地世代相传了，每一代人也只能重新耗费精力，在原始野蛮的环境中再次找到开端和契机。

<small>社会判断导致模仿但并不是由模仿引起的</small>

模仿仅仅是刺激成人活动的方法之一，所提供的这些刺激非常有趣、多变、复杂和新奇，所以能够引发思维的迅速进步。然而，仅模仿一种方法并不能引发思维；如果我们像鹦鹉学舌那样，通过单调地模仿别人的外部行为来完成学习，那就永远无须进行思维；即使掌握了这一模仿方法，我们也无法明确得知我们的所作所为到底有什么意义。教育家（和心理学家）经常这样假定，重复别人的行为仅仅需要模仿就够了。但是，儿童很少通过有意识地模仿别人来完成学习，也就是说，他的模仿通常是无意识的。从儿童的角度来看，他的学习行为

完全不是模仿。其他人的说话、手势、行为及职业，以及其他一些推动因素一起向儿童发出了信号，并暗示了某些令人满意的表达方法以及某些可以达到的目的。当儿童有了自己的目的，就会像注意自然事件一样去注意别人，进而得到更多的暗示以及实现目的的手段。他会选择观察到的某些方法，对之加以尝试，区别成功的或不成功的方法，并在自己的信念中对它们的价值进行估计。就这样，他继续进行选择、安排、顺应和实验，直到他如愿以偿为止。旁观者或许观察到了儿童的这一动作与成年人的某些动作存在着相似性，于是就断言这一行动是通过模仿学来的。但是事实上，它是通过注意、观察、选择、实验和对结果加以证实而得来的。正是因为运用了这一方法，才会产生思维训练和教育成果。成人的活动在儿童的心智发展过程中发挥着重大的作用，因为成人的活动在自然刺激的基础上增添了新的刺激物，这些新加入的刺激物更准确地适应了人类的需要，而且它们内容更加丰富、组织框架更好、范围更加广泛、适应性更加灵活，因而也能引起更新奇的反应。但是儿童在利用这些刺激物时所使用的方法与支配自己的身体而采用的思维方法是一样的。

二、游戏，工作及类似的活动

玩耍表明从意义或者想法上对活动的支配

当某些事物变成了符号，而且能够代替其他事物的时候，游戏就从简单的、精力充沛的体力活动转变成了脑力活动了。人们注意到，当一个小女孩把玩具娃娃弄坏了，就会用玩具娃娃的腿来做各种各样的游戏，比如洗刷娃娃的腿，把它放在床上并且爱抚它，等等。这时她就像往常一样，把玩具娃娃的腿当作整个玩具娃娃来做游戏，因而此时，玩具娃娃的部分代表了整体；小女孩不仅对当前的感觉刺激做出了反应，而且对所感觉到的物体的隐含意义做出了反应。以此类推，孩子们常把一块石头当作桌子、把树叶当作盘子、把椰果壳当作杯子。他们对待玩具娃娃、小火车、积木和其他玩具也是如此。在把玩这些玩具的时候，他们不是生活在真实的物质环境之中，而是生活在由该物质事物联想到的具有多种意义的大环境里，这里既有自然意义，也有社会意义。所以，当孩子玩小马玩具、开办商店、建造房屋或走访亲朋好友游戏的时候，总是对该物质事物附加了联想事物的意义。这样，具有多种意义的环境、大量的概念（这里指所有理智成就的基本事物），就都确定和建立了起来。另外，儿童不仅熟悉了种种意义，而且还把种种意义组织了起来，并进行编排分类，使之紧密地连成了一体。一项游戏和一个故事会慢慢地彼此融合起来。儿童的游戏最富有想象力，在他们的游戏中，各种含义紧密地联系起来并相互关联；即使"最自由"的游戏也要遵守某些统一的、首尾一致的原则。所有的游戏都拥有开端、中段和结局。在游戏比赛中，各种秩序规则贯穿于每个小动作之中，把它们联结了起来，形成了一个整体。在大部分游戏和比赛中都有规律、竞争和合作，也因而离不开组织活动。因此，柏拉图率先提出，福禄培尔也再度提倡这种学说，即都认为游戏是儿童幼年时期主要的、几乎唯一的教育方式，这并不是故弄玄虚或是什么神秘的主张。

玩游戏的态度比游戏本身更为重要。因为前者属于心智范畴，而后者属于这一态度的现时外在表现。当事物被简单地看作是暗示的媒介物时，所暗示的事物就超越了原本的面貌。因此，玩游戏时的态度就是一种自由的态度。有了这一态度，人们就不必再拘泥于事物的物质特性，也无须关心一件事情是否真正地"暗示了"他所指示的东西了。当儿童做游戏时，用扫帚来当马，用

对想法的组织包含于玩耍中

他们玩耍的态度

椅子来当火车,对于扫帚并不能真正代表马,椅子也不能真正代表火车的事实,他却认为无关紧要。所以,为了使儿童对待游戏的态度不会终止于随意的幻想,并且在构造一个想象中的世界时能够认识现在的、真实的世界,就有必要使其对待游戏的态度逐渐地转化成对待工作的态度。

工作态度对手段和目的的感兴趣

什么是工作?这里所说的工作不仅是外在的表现,也是心智的态度。在自然生长的过程中,孩子们最终发现那些不可靠的、虚假的游戏是不合适的。因为它们的虚构过程太容易,无法令人满意,也不能再提供足够的刺激,并引发令人满意的心智反应。想到了这一点,他就会把事物所暗示的观念恰当地应用于其他事物上了。如果一辆小车装配着"真的"轮子、车辕和车身,类似于一辆"真的"车,那么这辆小车不仅能满足心理的要求,而且还比仅仅是信手拈来的任何其他东西来代替小车要好得多。偶尔去参加摆放"真"桌子和"真"碟子的游戏,要比总是将一块平放的石头当作一张桌子,把一片树叶当作碟子有更多的收获。这时,兴趣的中心仍然停留在事物的意义上;事物越有意义,就越有重要性。对待游戏的态度正是如此。但是,这时意义的特性已经改变，它必须寻找化身，或者至少要用实际事物来代表。

根据字典上的解释，我们不能把这类活动称为"工作"。然而，这类活动却代表了从游戏转变到工作的过程。因为工作（是理智态度，而不仅仅是外在表现）意味着一种意义（或一个暗示、一个目的、一个目标），是适当化身的兴趣，是在客观环境中通过应用适当的材料和器具所表现出来的一种态度。这种态度利用了在自由游戏中引发和建立起来的意义。但是，它却控制着意义的发展，使其在应用于事物时，能够与可以观察到的事物本身结构保持一致。

> 在过程中是为了他们的结果

区分游戏和工作，使用一般的差异说明方法进行解释比较，就会达到完全清楚的效果。据说，在游戏活动中，对于游戏的兴趣在于游戏活动本身，而对于工作的兴趣则在于活动终止时的结果。因此，前者纯粹是自由的，而后者则受到所要达到结果的制约。当用这种鲜明的形式说明二者差异的时候，人们就会对过程和结果、活动和活动成果进行一种错误的、人为的划分。而真正的区分并不在于对活动自身的兴趣还是在于活动取得的成果，而在于活动自身在不断前进的过程中所产生的兴趣与该活动外在结果之间的利害关系，因此要有一线式

> 玩耍和工作快速分离的后果

的连贯性并使连续的阶段相结合。两者都可以作为活动中"基于活动本身"的兴趣的例子；但是，在某种情况下，基于兴趣的活动或多或少是偶然性的，是由环境中的偶然事件和一时而起的念头，或受别人的偶然指使导致的；在另一种情况下，活动因有所趋向，有所成就而使其意义更加丰富起来。

假如游戏与工作态度之间的错误理论与学校实际教学中效果较差的方法之间不存在什么关系的话，那么似乎就没有必要坚持仔细分辨正确观点的做法了。但是，在幼儿园和中小学各年级里，把游戏和工作截然分开的现象非常盛行，这就证明了理论上的区分对于实际教学的影响。在"游戏"的名义下，幼儿园的作业表现为过度的象征性、幻想性、感情化和任意性。而在与前者相对立的"工作"的名义下，小学的作业就包含了许多外部指派的任务。前者缺乏目的性；而后者的目的性又太偏远，只有教育者才能够理解，而儿童是无法理解的。

到了一定的时期，儿童必须扩展对现存事物的认识，并使之更加精确；必须充分确定地推断出目的和结果，并以此作为行动的指导，必须获取某些熟练的技巧，并以此选择和支配各种方法，进而达到某些目的。上述

第十二章 思维活动和思维训练

这些因素在儿童较早的游戏时期，就应逐渐地引入；否则到了后来，再突然增加这些因素，对于早期和晚期的学习来讲，显然都是没有好处的。

游戏和工作的尖锐对立，通常是与有关想象和实用的错误观念联系在一起的。对于家庭和邻里事务的兴趣，仅仅因为其具有实用性而受到轻视。让儿童洗刷碟子、摆放桌子、进行烹饪、裁制玩具娃娃的衣服、制作盛放"实物"的盒子、用锤子和钉子自制玩具等，（据说）可能导致儿童的美学和欣赏能力丧失，导致想象力的消失，并使儿童的发展趋向物质的、实际的事务。然而,（据说）如果让儿童象征性地表演鸟类和其他动物，表演人类关系中的父亲、母亲和孩子，或工人、商人和骑士，以及士兵、文职官员等角色，就能保证儿童心智的自由训练，而且这一训练既具有智力上的价值，更具有道德上的伟大价值。这些人甚至认为，如果儿童在幼儿园里栽种和照料植物，那就等同于过分注重身体的实用价值；然而，如果儿童以表演戏剧的形式去演艺种植、耕作、收割等生产活动，而不涉及任何物质材料或象征性的物质材料，那么儿童的想象力和欣赏力就会得到培养。更有甚者认为玩具娃娃、火车、船和火车头等都应该严格禁用；他

关于想象和使用的错误想法

们转而向儿童推荐立方体、球体和其他能代表社会活动的象征物品。他们认为，越是不切实际的物体，比如以立方体代表小船，就越具有更大发展想象力的功能。

这种思维方法有如下几点错误：

<small>实现不存在和重要想象的一个媒介</small>

1. 健全的想象不是用来解决不切实际的问题的，而是用来解决由暗示引起的、智力能够实现的问题的。运用想象并不等于在纯粹的幻想和空想中任意驰骋，而在于扩展和丰富真实事物的方法。对于孩子来说，发生于身边的家庭活动，不具备任何达到现实目的的功利手段；这些活动向孩子展示了一个美好的世界，虽然这个世界的深奥是孩子无法理解的；以及一个充满了神秘和允诺的世界，成人们在这个世界的一切行为都让孩子们感到羡慕。在这个世界里，成人们把例行公事看作是自己的职责，并因此感到无聊和乏味；但对于儿童来说，这却充满了社会意义。从事这种活动，即等同于运用想象，来构成儿童自己所不曾掌握的、具有重大价值的经验。

<small>只有已经从经验中认识的才能符号化</small>

2. 儿童们的反应大体上是身体的和感官的反应。但是教育者有时却认为儿童的反应是一种伟大的道德上的和真理上的反应。儿童有巨大的戏剧模拟能力，他们的表面举止（对具有哲学理论的成年人来说）似乎表明其

具有骑士精神、献身精神或崇高风尚等品质；然而这只是因为他们受控于短时间的身体亢奋导致的。要在儿童的实际经验范围以外，找出象征着伟大真理的特质，是一件不可能的事情。试图这样做的结果，也只不过是引起儿童喜悦的短暂的刺激。

3. 反对在教育中使用游戏的人，总是认为游戏仅仅是一种娱乐活动；而那些反对正统教育活动的人，又混淆了工作与劳动的关系。成人们都知道，重大的经济成果取决于负责任的劳动；因而，他们摒弃了消遣、松弛和娱乐。如果儿童没有过早地从事工作，如果他们没有受到童工劳动的不良影响，就不会产生对游戏的片面认识。不论什么事情，凡是能引起儿童兴趣的，完全是因为那些事情本身能够引起儿童的直接兴趣。这样，为了实用而做事，和为了娱乐而做事就没有任何差别了。他们的生活也就会更加统一、更加健全。如果认为成年人通常在活动实用性压力下才能完成某种工作，并据此认为儿童也不可能自由地、愉快地从事某种工作，那么这种假定是缺乏想象力的。决定哪一件事是属于功利的，哪一件事是不受约束而且具有创造性价值的，不在于所做的事情，而在于做事时主观愿望的特性。

有用的工作不一定是必需的劳动

三、创造性作业

科学的发展源于职业

人类的文明史表明,科学知识和技术技能都产生并发展于人类生活的基本问题;在较早时期尤为如此。解剖学和生理学产生于保持身体健康和活动的实际需要;几何学和机械学产生于测量土地、建筑工事和制造节省劳动力的机器的需求;天文学和航海、计程、计时一直保持着密切的联系;植物学发源于医药和农艺的需求;而化学则一直与染色、冶金和其他相关工业需求密切相关。反过来讲,现代工业几乎完全是应用科学。常规工序和经验主义的用武之地逐渐缩小,而科学发现逐步地转变为工业发明。电车、电话、电灯、蒸汽机等为社会的交通和管理带来了革命性的创新成果,这些都是科学的产物。

在学校的职业课程中获取知识的可能性

上述事实具有丰富的教育意义。大部分儿童具有显著的主动倾向。学校也开设了大量课程。一般以手工劳作的形式组织课程,也包括有学校园艺、短程旅游和各种各样的绘图艺术;开设这些课程大体上是基于实用的理由,而不基于严格的教育意义。或许,当前教育上最为紧迫的问题是如何组织和组合这些学科,

第十二章 思维活动和思维训练

使它们成为养成活跃、持续、富有成效的理智习惯的工具。人们普遍认为，这些学科能抓住儿童主要的、固有的特性（激发他们要做事的愿望）。这些学科能够提供很好的机会，来训练学生进行自助并且在将来有效地为社会提供服务，这一点也得到了大众的承认。但是，这些学科也可以用来提示需要解决的典型问题，为了解决这些问题，要靠个人的反思活动和实验方法，要靠获取明确的知识体系，以便日后获得更为专门的科学知识。的确，没有什么能够保证，仅仅可通过身体活动或熟练操作就能获得智力效果。手工课程可以通过常规、口授或传统教学方法来进行教学，这和书本科目的教学一样容易。但是，在园艺、烹饪、纺织或木艺和铁艺实践中，连续的智力工作都可以这样做出计划，其必然的结果是学生不仅积累了实践知识，还认识到了植物学、动物学、化学、物理学和其他学科中的科学重要性，而且（这一点更为重要）也能使他们逐步掌握了实验探究和证明的方法。

因小学生负担过重，小学课程受到了普遍的非议。要反对恢复传统教育教学方法，唯一的途径就在于在各种艺术、手工与作业中寻求智力培养的可能性，并据此

研究课程的重组

重新组织现行的课程。在这里，比任何事情都重要的是，去寻找将民族的盲目和因循守旧的经验转化成为有启发意义的、开发心智的实验方法。

第十三章 语言与思维训练

一、语言是思维的工具

语言和思维有着十分密切的关系,因而需要在此作专门的讨论。逻辑这个词,是从理性发展而来的,其原意是指文字或语言,也指思维或理性。尽管学校教育把语言作为学习的主要工具(而且经常是学校的主要教材),然而"从文字到文字",就只能意味着理智的贫乏和思维的虚假。几个世纪以来,教育改革者对学校中流行的语言用法提出了最严厉的抨击。一种看法确信语言对思维是必要的(甚至二者是等同的),而另一种看法认为语言会歪曲和隐藏思想;这两种争论形成了鲜明对立。

> 多义的语言

关于思维和语言之间的关系,一直存在着下列这三种典型的观点:第一,认为二者是等同的;第二,认为文字是思维的外在表现,思维本身并不需要语言,只有存在传递思维的需要时,语言才是必需的;第三(这是我们这里所要坚持的观点),认为尽管语言并不等同于思维,但它对于交流思想,以及思维活动本身来讲却是必需的。然而,当人们说如果人类失去了语言,那么思维也无从谈起时,我们必须提醒自己,语言不只包含口头语言和书面语言,还包括姿势、图画、标记、视觉现象、手指运动等,这一切有意地、人为地用作符号的东西,从逻辑上讲都属于语言的范畴。人们所说的,语言对于思维来说是必需的,即是说符号对于传递意义来讲是必需的。思维并不是应付单纯的事物,而是应付事物所暗示的意义;而各种意义必须体现在可被感知的和特殊的形体中,才可能为人们所理解。如果事物没有意义,那它就只能提供盲目的刺激,只是无理性的事物或者是快乐和痛苦的偶然的根源;而且因为意义本身并不是可以为人们触摸感知的事物,所以它们一定是附着在某些有形的物体之中。而专门用来固定和传递意义的有形物体,即是符号。假设一个人把另一个人推出了房间,他的这种行为并不构成符号。然而,如果他用手指着门口并大喊"出去",那么他的行为就构成了表达意义的工具了:它成了一个符号、一个象征。就符号而言,我们毫

> 语言是思维的必要工具

> 因为它单独定义了意义

不关注它们本身，但是却关注它们所代表的事物。例如 Canis、Hound、Chien、Dog 这几个词，只要能表达出外在事物的意义，用哪一个词都不会产生任何差别。

自然界的某些物体是其他事物和事件的符号。例如，云块代表着雨；脚印代表运动或敌人；凸起的岩石表明地表下埋有矿物。然而，自然界的符号有着极大的局限性。(1) 具体的或直接的感觉刺激存在着一种倾向，即它们往往会分散注意力，使人们注意不到符号所代表的事物。几乎每一个人都能回想起来，当我们用手指向为小猫或小狗准备的食物时，小动物只是看着我们的手指，而不看我们所指示的东西。(2) 如果只凭借自然符号，那么我们就只能接受外在事件的支配；我们必须等到自然事件呈现出来，才能预防或预见某些其他事件发生的可能性。(3) 因为自然符号起初并不是有意用来作为符号的，所以它们是多余的、庞杂的、不便的、难运用的。相反，有意创造的符号，则同任何人为的工具和器具一样，其目的就是为了传递意义。

自然符号的局限性

因此，对任何高度发展的思维来说，人为的符号都是必不可少的。语言正好能满足人类这一方面的需要。姿势、声音、书面文字或印刷文字，这些都是精确意义

人造的符号克服了自然符号的局限性

的物质载体,但是,它们自身的价值完全依靠它们能够表示的意义的价值。人为符号在表达意义时存在下列三个优点:(1)微弱的声音,模糊微小的书写文字或印刷文字,它们的直接感官意义是微不足道的。因此,它们不能分散人们的注意力,不会影响它们所代表的意义。(2)它们是在我们的直接控制之下被制造出来的。我们需要什么样的人为符号,就可以随时造出什么样的人为符号。也就是说,当我们在创造"雨"这个词汇时,不必等待自然界出现某些下雨的征兆,才运行我们关于雨的思维活动。虽然我们无法创造云,但是我们可以制造一种声音,用以表示云的意义,这声音也因而代表了云。(3)任何语言符号都具备了简便、易于掌握的特性。它们简洁轻便。只要我们活着,我们就会呼吸,同时只要靠咽喉、口腔的肌肉变化就可以变更空气的量和质,这是简便、容易而又可以控制的。身体、手指和臂膀的姿势也可以用作符号,但它们同由呼吸变化而产生的声音符号相比,就稍逊一筹,而且也比较难以掌握。难怪人们把口语作为有意义的主要智力符号。尽管语音精巧、优美、多变,但是它也是暂时的。这一缺陷可以由人类眼睛可以看到的书写文字和印刷的文字来弥补。而且文字可以永久保存。

脑中想着意义与符号（或语言）有着密切关系，我们就可以更详尽地来说明：（1）语言与具体意义的关系；（2）语言与意义组织的关系。

1. 个别意义。口头符号的作用是：（1）选择和分辨作用，否则意义就会含糊不定、模糊不清；（2）保存、记录并贮存意义；（3）当需要理解其他事物时，可以使用口头符号。把语言的作用合并在一起的过程，可以做如下比喻：语言符号像一堵围墙、一个标签、一种媒介，将这三种功用合而为一，即为语言合并过程。

每个人都有这样的学习体验：那些朦胧的、含糊的事物在被冠以适当的名称之后，就变得完全清晰和明朗了。有时意义似乎近在咫尺，但却又难以捉摸；它没有转化成明确的形式；设法（究竟用什么方法，在此几乎不可能说清楚）限定一个词的意义范围，使文字不再空洞，且具有完整的内容。爱默生说过，他宁可不知道事物本身，也要知道诗人给予它们的真实名称。大概在他的头脑中，就记着语言的这种启发作用。儿童喜欢盘问并学习他身边各种事物的名称，这表明儿童已经逐步将这些名称的意义具体化、个体化了。因此，儿童与事物

> 一个符号使意义明晰

的交流由外在层面上升到了理智层面。野蛮人认为文字有不可思议的作用，这是不足为奇的。给任何事物命名，即是给予它一个符号；这样，事物就不只是物质上的存在，而是获得了独特的、永久的意义。野蛮人知道了人和物的名称，能够使用这些名称，也就具备了控制它们的能力。

符号保留了意义　　由于事物变化不定，或者由于我们自身变化不定，所以有些事情往往不能引起我们的注意。我们与事物直接感官是很有限的。自然符号所暗示的意义，仅限于能直接感官或观察的场合。但是，语言符号固定下来的意义却可以得到永久保存，以备将来之用。即使没有表示某种意义的事物，我们也可以制造文字符号，使之具有前述意义。因为理智的生活依靠大量的意义，语言作为保存意义的工具，其重要性不言而喻。当然，储藏也不能完全防止腐烂；同样，即使原封不动地保持文字，也难免会有错误，难免会经受有意义的变化。但是，这种不利影响是一种代价，每种生物为了获得生存的权利，都需要付出这种代价。

符号传递了意义　　意义经过确定并被符号标识出来之后，便有可能把这种意义应用于新的场合和情境中了。意义的转移和应用,是所有判断和推理的关键。一个人能够识别一种特定的云就是一场特定暴风雨的前兆,如果他的认识只限于此,那么这种认识就不会有多大的益处。因为下一次的云和雨同上一次的云和雨是不相同的,所以他还需要一次次地重新学习。如果不是这样,也就不会有智慧的累积和增长了。经验可以转变成适应物质环境的习惯,但是经验不能教给我们任何事情,因为我们无法使用旧经验去有意识地预料和调整新经验。我们要有能力运用过去的经验来判断和推论新的、未来的事物,即虽然旧事物已成为过去,但其意义应以某种方式保留下来,以便用来判定新事物的特征。语言就是我们巨大的承载工具,它像流动的车辆,将意义从已有的、不再与我们有关的经验中转移到那些依然含糊不清、无法辨识的经验中去。

2. 意义的组织。当我们强调语言符号和特定意义之间的关系时,却没有注意到另外一个方面,该方面也同样具有价值。这就是,语言符号不仅可以划分特定意义或个别意义,而且也可以按照种种意义之间的关系将其加以组织。字词不仅给予单个意义名称或标题,还可以根据意义之间的相互关系将相关联的意义组织起来形成

> 符合逻辑的意义的组织取决于语言符号

句子。当我们说"那本书是一本字典"或"天空中模糊流动的亮光是哈雷彗星"时,我们其实是在表达一种逻辑关系,即行为的分类和定义,这一行为超越了物质事物,而达到了类和种、事物和属性的逻辑范围。命题和句子与判断的关系就像是独特的字词与意义的关系一样;我们主要通过分析命题的各种形式来分析种种意义和概念,从而形成判断;字词构成句子,句子又构成一个更大、更完整的连贯论述。正像人们经常说的,文法表示了一般心理的无意识的逻辑。我们的母语为我们创建了主要的、理智的分类,这是思维活动的有效资本。在运用语言时,我们并没有明确地意识到我们是在使用着本民族的、理智的分类,这表明我们已经完全习惯于这种逻辑分类和组合了。

二、教学实践对语言方法的误用

教学只是事情,并不具有教育意义

"只教知识不教文字"或"先教知识后教文字",从字面上看来,这些格言必将导致对教育的否定,因为它降低了心智的地位,使之仅仅成了对身体和感官的调整。从正确的意义出发,学习的正确含义不是学习知识,而是学习知识的意义，而这一过程就必然包括符号的使用，或者从一般意义上来讲，学习过程必然包括对语言的使用。同样，如果一些教育改革者对符号教学的攻击走向了极端，就会使精神生活遭到破坏。因为精神生活及相关活动，存在于定义、抽象、概括和分类过程之中，而这些过程只有使用符号才能进行。然而，那些教育改革者的争论也是必要的。因为滥用某一事物所造成的弊端，同正确利用这种事物所取得的价值正好是成正比的。

我们前面已经指出，符号本身也和其他事物一样，是特定的、物质的、可感知的存在。只是因为它们暗示和代表了种种意义，才最终成了符号。首先，任何一个人，只有当他具备了与意义有实际联系的、在某些情境下积累的经验，他才能真正掌握这些符号的意义。文字可以说明和保存这一意义，全靠人们已有的、与该意义相关事物的直接接触。如果仅仅试图以文字来呈现意义，而缺乏与事物之间的接触，就会使文字失去可以为人们所理解的含义；一些改革者所反对的，正是当今教育界非常盛行的这种倾向。除此之外，还有一种倾向，即认为只要有了明确的语言文字形式，就会同时拥有明确的思想；然而事实上，成人和儿童同样具有使用公式的能

> 但从事物中分离出的词并不是真正的符号

力，他们对公式字面上的理解也相当精确，然而他们对公式的意义却不甚了解、含混模糊。真正的无知可能会是有益的，因为真正无知的人很可能态度谦逊、虚心谨慎，同时保有好奇心；而那些只具有重复警句、时髦名词和熟知命题能力的人，通常会沾沾自喜，自以为富有学问，其消极影响是在自身心智上涂上一层防护层，导致新思想再也无法进入，而这才是最危险的。

<small>语言会抑制人的探索与思考</small>

其次，尽管没有新事物的介入，新的文字组合也有可能提供一些新的思想，但是，这种可能性是存在局限性的。人们由于懒惰而接受流行的观念，不再亲自进行调查和验证。或者人们只是运用自身思维去验证别人的信念，随后就止步不前了。这样，他们在自身语言系统中只体现了其他人的信念，相反，自身的信念却遭到了摒弃。在教育教学实践中，对语言研究和方法的误用，使得人们的思想停留在陈旧的学术水平上，而这阻碍了新的探究和发现；以传统权威来代替自然事实和规律，贬低个人作用，仅靠从别人那里借鉴的间接经验，过着一种寄生的生活，所有这些，都是教育改革者反对把学校卓越的工作归功于语言的原因。

再次，原先代表观念的文字，经过反复使用，就会变成一种单纯的符号；之后人们就会按照某些规则对这些符号加以操纵，或者依据某些程序对这些符号做出反应，进而失去了了解符号本身含义的意识。斯托特（把这些称作"替代符号"）曾经评论说，"代数和算术的符号，在极大程度上，只是被人们用作替代符号……若从其所代表的事物性质中推导出固定的、明确的运用规则，就可以不必再参照事物的意义，便可运用这些符号了。文字是思维用来表达意义的工具；而替代符号是不需要借助思维就能代表意义的工具。"无论如何，这一原则不仅可以应用于代数符号，也可以应用于一般的文字；文字也可使我们不用借助思维就能使用意义，获得结果。在许多方面，符号作为"无须"思维的工具能够为人们带来很多益处，因为它们代表了人们所熟悉的事物，进而刺激人们注意那些新奇的、需要有意识地加以说明的事物。然而，学校却过分地重视通过使用技术设备取得外部结果的技巧，而这常常使这一优势变成了阻碍学习实践的弊端。在运用符号时，只要求学生能够熟练地复述这些符号并借助符号推导正确的答案，沿用指定的公式进行分析，就会使学生养成机械的、缺乏思想的学习态度；对文字的记忆也就代替了对事物意义的探究。这

词语作为单纯的刺激

一潜在危险,也许就是教育活动中语言方法实践受到攻击的最主要原因。

三、语言在教学上的应用

语言和教学有着双重的关系。一方面,语言经常被应用于学校研究活动以及社会实践中,各门学科也不间断地借助于语言;另一方面,语言自身又是一门独立的学科。我们所要研究的仅仅是语言的一般用途,因为语言在日常使用中对思维习惯的影响要远远大于人类的意识和研究对思维所产生的影响。至于语言科目的学习,只是为了使语言所包含的意义更加明确罢了。

<small>语言主要不用于思维</small>

"语言是思想的表现",这一一般说法只道出了一半真理,因而也极有可能导致严重的错误。语言虽然可以表达思想,但是,起初使用语言的目的并不是为了表达思想,语言甚至也不是有意识的。语言的首要目的是去影响(通过渴望、情绪和思想的表现)别人的行动;语言的第二个用途在于,语言促使自身与其他人形成更为亲密的社交关系;有意识地使用语言承载人们的思想和知识,这一用途居于第三位,其形成也相对较晚。约

翰·洛克做了很好的陈述。他认为文字有两个用途，即"民事的"和"哲学的"。"语言的民事用途是指使用文字进行思想和观念交流，像与公众进行对话、进行一般事务的交往和获取社会生活便利条件……语言的哲学用途是指利用语言传递事物的准确概念、表述一般命题以及表达某些毋庸置疑的真理。"

区分语言的实际用途、社会用途和理智用途，很好地定位了学校教育教学中语言的角色。该角色是指导学生的口头语言和书面语言，使语言由原来的实际社交工具角色，逐步转变成有意识地传播知识、助益思维的工具。我们该如何做，才能既不抑制学生自发的自然动机，即语言的生命力、力量、生动逼真和多样化，又能使之成为精确而灵活的理智工具呢？仅鼓励学生流畅地运用语言，而不培养他们将语言变成思维工具是比较容易的；抑制甚至破坏（这是学校当前所关心的）学生自然的目的和兴趣，并在一些孤立的、技术性的事务中，规定人为制定的、刻板的规则也是容易的。问题就在于，如何把处理"日常事务"的习惯转化成表达"精确概念"的习惯。要顺利地完成这一转变，需要教育工作者在如下方面做出努力：

教育将语言转换为思维工具的原因

（1）扩充学生的词汇量；（2）更精确地表达词汇的意义；（3）养成连贯的口语表达的习惯。

1.扩充词汇量。要实现这一点，需要学生与事物和人进行更为广泛的、理智的接触，也可以采取替代方法，搜集听过的或读过的文字意义。但是无论依靠哪一种方法，要达到掌握文字意义的目的，需要学生运用自己的智慧、采取相应行动、进行智力选择和分析，还需要学生扩大意义或概念的储备，以便处理将来的理智事物。一个人所掌握的词汇一般分为主动的和被动的两类，后者是由听到、看到或已经理解的文字构成，前者是由能够理解并且应用的文字构成。被动的词汇数量要比主动的词汇数量多，这一事实也说明了个人凭借一己力量是无法掌握和利用范围较广的事物的。如果不能运用已经理解的意义，学生便只能依靠外部刺激进行缺乏思考的创造。这种情形在某种程度上，也是教育的、人为的产物。儿童一旦学会了新词就会尝试对其加以使用。但是当他们学会了阅读、接受了大量的词汇，就再也没有机会使用这些词汇了。其结果，即使不会扼杀儿童的心智，至少也会压抑其心智的发展。而且，如果不能主动地运用文字意义确立和传递观念，那么文字的意义就永远不

> 要扩充词汇，必须扩充定义

会清晰、完整。只有采取主动的认知活动，才能明确文字的意义。

造成词汇数量有限的原因固然是经验范围的狭窄，即学生与其他人和事的接触面较为狭小，但是不能因此便提出无须或否定大量的文字储备。如果某人的精神状态是听天由命，那么他就不会主动地分辨感观或语言的区别。模糊地使用文字便无法确定事物的性质。如果讲话时，把每一件事物都说成"什么什么"或"这个这个"，思维也就无法清晰地运作了。如果与儿童接触的人在词汇方面相当贫乏，或者儿童所接触的读物（甚至学校文选和课本）包含的词汇也浅薄和不足，都会导致儿童心智发展趋于狭隘。

> 词汇量的局限导致思维的松弛

我们必须注意到，文字的流畅和语言的自由运用之间也有很大的差别。语言的流利表述并不一定表明这个人拥有大量的词汇。比如在许多谈话，甚至即兴演说中，在一定的活动范围内，拥有正常词汇储量的人是可以应付自如的。大多数学校都苦于缺乏物质材料和设备，它们只有一些书本，可是就连这些书本也是按照成人想象中的儿童能力"编写出来"的。因而，这些状况就抑制了学生们掌握丰富词汇的机会和要求。学校里所学到的

> 支配语言包括支配事物

词汇，相当大的部分是孤立的，而且与学校以外所流行的观念和文字没有实现有机的联系。因此，学生词汇量的增加往往是有名无实的。即使有所增加，所增加的词汇也只囊括了毫无生机的内容，而不具备生动的意义。

笼统的词汇含义通用

2. 更精确地表达词汇的意义。增加文字和概念的储备需要两种方法：一种方法是发现和说明意义中不明朗的部分，这就是说，要使词汇的意义更加精确。意义的确定性同词汇数量的绝对增长同样重要。

由于人们对事物认识肤浅，词语的最初意义是笼统含糊的。幼小的儿童会把所有的成年男人都喊作"爸爸"；在认识了狗之后，可能会把看的第一匹马叫作"大狗"。尽管注意到了数量和强度的差别，但是，儿童对事物基本意义的理解还是相当含糊，所以会把一些根本无关的事物也囊括进去。许多人认为，树就是树，或者仅仅把它们分成落叶树和常绿树，只认识其中的一两种就可以了。如果人类总是保持这种含糊、笼统的认识，就会在思维发展中遇到障碍。意义混杂的词语，充其量也不过是笨拙的工具；而且，由于它们的意义模棱两可，所以往往是靠不住的；如果对之加以使用，会使我们混淆对那些原本可以分辨清楚的事物。

词汇的意义与重要性双重增长

词语的意义由原来的含混不清向明确的方向发展，一般来说需要通过以下两个途径：第一，发展为代表事物关系的词语；第二，发展为代表高度个性化特征的词汇。第一点与抽象思维有关系，而第二点与具体思维有关系。据说，澳大利亚土著人部落并没有动物或植物这两个词语，但是他们却对周围各种植物和动物冠以独特的名称。这种精确的词汇代表着一种进步趋势，它标志着意义的精确，然而，这只是一个方面。虽然个体的独特性得到了区分，但是独特事物之间的关系却没有区分出来。另一方面，对于哲学的学习，一般自然科学和社会科学专业学生又倾向于获得大量表示关系的词语，而忽视对相对应的表示个体和特性的词语的积累。他们一般会使用因果关系、法律、社会、个体、资本等词语，而这一使用习惯说明了这一趋向。

在语言史上，通过文字意义的变化，我们能够看到词汇在上述两个方面所取得的发展：有些词语从最初较为宽泛的应用范围退变成后来的较为狭窄的应用范围，即仅能代表个别意义；而另外一些词汇原先具有特殊含义，后来却具有了普遍意义，成了表示事物关系的文字。例如，"vernacular"这个词，是从"verna"发展而

> 为了改变词汇的逻辑功能而改变其意义

来的，意思是土生土长的奴隶，现在的含义却是本地话。"average"一词现在的意义是平均，而原意是指船只失事后，在这一事件中应当分担责任的人按比例承担的损失。

<small>类似的变化发生在每一个小学生的词汇表中</small>　这些词语的历史变化帮助教育者去理解人类智力认知的演化过程。在学习几何时，学生就必须学会线、面、角、方、圆等熟悉名词的广义定义和狭义定义。所谓狭义定义，即其在几何学中的精确意义；而所谓广义，并不是指日常的用法，而是指一般的关系。对于几何科学来说，颜色和大小等特性便被排除在外；而对于方向关系，必须明确掌握的是方向的变化和界限等。这样，在一般的几何学观念中，线的含义并不包含长度的意义，而只把一段线叫作线。在各门学科中，都会有这样的变化。正如上面已经提到的，只在普通意义上附加一些新的、孤立的意义，而不是把真正有效的日常意义和实际意义转化为逻辑概念，这是很危险的。

<small>术语的价值</small>　使用意义准确的名词，以表示一个完整的意义，这种名词称为术语。就教育教学目的而言，专门术语所指示的事物是相对的，而不是绝对的。名词成为专门术语，不是因为它的语言形式或者它的特殊性，而是因为人们能够用它精确地表达意义。当人们有意识地使用一般名

词来达到这种目的的时候，就获得了术语的特性。思维越准确，术语词汇也就相对越多。教师们易于在有关专门术语的两种极端意见之间摇摆。一种意见认为，如果从各个方面增加术语的数量，似乎就等于学会了一套新术语，再加上语言的描述或定义，就等于掌握了一种新的观念。而另一种意见认为，积累一套孤立的词语、隐语或者学术行话，其结果反而在某种程度上堵塞了自然判断能力的发展，因而走向了另一相反极端。这种极端就是：如果专门术语被人们摒弃，那么就会出现只存在"名称词语"但不存在"名词"，只存在"行动词语"但不存在"动词"；学生只会用"从中拿取"这个词，但不会使用"扣除"一词；他们可以说出四个五是多少，但却不知道四乘以五等于什么，等等。对于能够产生假象但不反映真实意义的词语，抱有厌恶的倾向，这是正常的本能反应。然而，根本问题不在于词语，而在于观念。如果不能掌握观念，即便能够使用更加熟悉的词语也是一无所得；而如果掌握了观念，就可以用正确的术语来确定这一观念。对于能够表达高度精确意义的词语，应当有节制地、逐渐地予以采用，并尽力寻求一种情境，使得意义的精确性能够得到保证。

连贯讲话的重要性

3. 形成连贯叙述的习惯。我们已经看到，语言既能选择和确定意义，又能联结和组织意义。因为每一意义都体现于某一具体情境中，因此，每一个字的具体用法也可归属于某些句子（一个字本身有时就能构成一个简短的句子），而句子又属于规模更大的故事描述或推理过程。我们没有必要再重复前面说过的有关意义有序连贯的重要性了。然而，我们要指出，在学校的实际教学工作中，存在以下几种妨碍语言的连贯性并极度干扰系统思考的情况：

教师在教学实践中存在垄断连贯叙述的习惯。如果把教师一天的讲话时间加起来，再和与学生讲话的时间加以对比，那么许多教师都会感到震惊。不仅如此，学生们的讲话内容也常常局限于使用简短的词语或者单一的、不连贯的句子来回答问题。而进行详尽描述和得出最终结论的工作都由教师独自包揽；只要学生的回答中或多或少呈现出一点线索，教师便常常用肯定的话语截断学生的发言，然后对学生的讲话内容加以引申，详细讲述他认为学生应当表达的意思。这样，学生就养成了零星的、不连续的叙述习惯，其结果必然是对理智的瓦解。

规定课业的分量太少,而且教师讲课时(通常是为了挨过教学时间)又常常进行琐细的"分析性的"提问,这也会造成同样的结果。比如在历史、文学这样的课程中,上述弊病更是显而易见,教师常常把教材内容细分为若干小段,这样就打乱了教材包含意义的完整性,破坏了人们最初设计教材时规划的适当内容比例。这样做的结果是破坏了教材内容的完整性,并且不分主次地堆积了彼此互不相联系的细枝末节。更有甚者,有的教师并不知道,他自认为已经将完整的意义装进了头脑里,并把这些意义提供给了学生,可是事实上,学生最终得到的却只有孤立的残渣碎片。

> 太琐碎的提问

强调避免错误而不注重获得能力,这种教学倾向也阻碍了学生培养连贯的叙述和思维能力。儿童带着求知的渴望,开始学习如何叙述,但是他们有时候担心自己的陈述会在内容和形式上出现小错误,便把应当用于积极思维的精力转用于避免错误上去了;甚至,在极端的情况下,有的学生会消极地以沉默作为减少错误的最好方法。学生的这种趋向在作文、小品文、论文等文章写作中表现得特别明显。更有一些教师郑重地劝说儿童,在写作时要时常选用些琐细的题目,

> 避免错误

撰写时要使用简短的句子，因为这样做就会少犯错误。对中学生和大学生的教学最终发展成了以检查和指正错误为导向，在这样的错误教学观念指导下，学生们出现了怕羞的情绪，显现出了局促不安的状态。写作的热情也随即消失了。学生们的兴趣已经不在于应当说些什么、应当怎样说，才会适当地、系统地表达自己的思想。这种兴趣已经被一扫而光了。必须说些什么和有什么要说，这是完全不同的两件事。

第十四章　思维训练中的观察和信息

　　思维就是参照论题表示或者指示的物体对该论题材料进行整理。离开材料的整理，思维就无法存在，这就如同消化食物需要吸收功能一样。因此，如何呈现教材内容并使之被吸收就成了重要的问题。教材内容过少或过多，且排列顺序杂乱无章，或者孤立零散，都会对养成良好思维习惯产生不良的影响。如果个人观察和来自他人（通过书本或语言）的知识传授都能得以妥当进行的话，那么逻辑训练就成功了一半。因为，观察和传授知识是获得材料信息的途径，而进行观察和知识传授的方法，对思维习惯培养又有着直接的影响。这种影响的程度是比较深的，以至于人们往往觉察不到。营养不良、饮食过量、饮食不协调，能对原本运作正常的消化系统造成损害，同样，如果教材内容安排不当，其消化吸收情况就与前者并无二致。

> 先熟悉事实，再进行思考

一、观察的性质和价值

使"事实"终于事实的谬论

上一章我们已经提到过,教育改革者反对过分夸大语言的用途,反对错误地运用语言,坚持认为个人的、直接的观察可被用来替换前述做法。这些改革者认为当前过分地强调语言因素,会剥夺儿童直接认识实际事物的一切机会;所以,他们呼吁用感官经验来弥补这一缺陷。他们满怀热情地坚持他们的主张,却常常不去研究观察为什么以及怎样具有教育的价值,因而错误地把观察本身当作目的,并且满足于一切观察到的结果。不论在什么条件下,也不论面对什么样的材料,只要能进行观察,他们就认为符合教育的要求。他们具有这些看法是不足为奇的。这种把观察孤立起来的观点,还表现在他们认为儿童的观察能力首先得到发展,然后记忆和想象能力才得到发展,最后思维能力才会发展。根据这种观点,人们可以认为观察行为给予以后的思维活动大量的原始材料。我们在前面已经指出,这种观点的谬误是显而易见的,因为即使简单的具体思维活动也离不开与各种事物的联系,也绝非建立在纯粹外界物质的水平上。

1. 所有人都有一种自然的愿望,这近似于好奇心,即希望扩大他们对人和物的认识范围。艺术展览馆的门口贴着禁止携带手杖和雨伞的标语，这一事实明显地证明了，对许多人来说，只是简单地看一眼是不够的，只有通过使用某些工具对展品进行直接接触才会令人感到对其有所理解。这种对知识更充分、更亲切的观察要求，与为观察而观察的、特意培养兴趣的做法是完全不同的。自我扩充、自我实现的愿望是它的动机。这种兴趣是一种共鸣，即社会和审美共鸣，而不是认知上的共鸣。儿童们的这种兴趣特别强烈（因为他们积累的实际经验较少，而所面对的可能性又较多），当成年人尚未被常规惯例磨平棱角的时候，也具有这种特征。这种能够引起共鸣的兴趣提供了媒介物，并把形形色色的、没有联系的、对思维毫无用处的大量事物搜集起来并建立联系。这些系统的确是社会性的、美学的、而不是自觉的理性探索；但是，它们为自觉的理性探索提供了自然的媒介。有些教育家建议小学自然科学应当注重培养儿童对自然的爱好和对美的鉴赏能力，而不是纯粹地培养他们具备分析精神。另外一些教育家则强调多组织一些饲养动物和培育植物的活动。这两方面重要的建议都来自经验，而不是源自理论，但是都为我们上述的观点提供了极好的例证。

> 扩大熟识度的共鸣与动机

分析检验为行事奠定基础

　　2.在正常发展中，特殊的分析和观察，起初几乎是同指明活动手段和目的的迫切需求完全连在一起的。当人们在做某件事（纯粹惯例的事情除外）时，如果要使工作取得成功，他就必须使用视觉器官、听觉器官和触觉器官来指导行动。如果没有持续的、灵巧的感官训练，那么即使游戏和比赛也无法进行下去；在任何形式的工作中，人们必须细心地对材料、障碍物、器械以及失败和成功的结果加以注视。感性知觉并不是为了其自身，或为了达到训练的目的而发生；在做感兴趣的事情时，感性知觉是一种必不可少的因素。尽管做某件事时所需

直接和间接的感知训练

的感性知觉并不是为了训练而设计的，但这一方法却最经济、最彻底地影响了感觉训练。教师们曾经设计过各种各样的文案，用以培养学生敏锐的观察力，比如通过写字（甚至写那些他们不了解的专门术语）、排列数字和几何图形等，让学生只看一眼就能够重现它们。儿童在速视和重现事物，甚至重现那些复杂的、毫无意义的组合体时，常常能获得很多的技巧。偶尔将这种训练方法当作游戏和消遣活动还是有益处的；但是，使用工具操作木工、金工等简易的作业，或者园艺、烹饪、动物饲养等活动，虽然能够使眼和手得到训练，但其与前面的

方法比较起来，就非常不适合了。那种孤立的训练如同竹篮打水，是不可能获得什么结果的；即使获得了技能，这种技能也几乎没有什么辐射力量或技能转移价值。对观察训练的批评，其根据是许多人不能正确地记忆钟表表盘上的图案和数字的排列。这种意见的错误在于没有切中要点。因为人们看钟是为了查看时间，而不是为了查看一下四点钟在钟面上的标记符号是 III 或 IV；如果只观察注意那些毫不相干的细节，反而浪费时间。所以，在观察训练中，行动的动机与结果是最重要的。

3. 我们在第十章已经讨论过，随着人们的思维进入了理论思维阶段，观察也进一步发展到了理智或科学层面。而随着问题的相继出现和解决，就要求观察较少地集中在那些与实际目标有关系的事实上，而较多地集中在那些与问题相关的事实上。在学校里，观察结果在知性培养方面往往毫无作用，原因在于（重要原因）他们在界定问题或者是帮助解决问题时，常将观察独立于问题的启示之外。这种孤立带来的害处贯穿于整个教育过程中，从幼儿园到小学，从中学到大学都可看到这种观察的弊病。几乎随时随地都会发现人们对观察的应用，似乎观察本身就是完整的、最终的目的，而不是把它当

科学观察与问题相关

> 实物教学很少提供问题

作获取与某种困难及其解决方法相关的手段。而且,在观察中,也没有任何有关目的的观念作为诱因和指导,因此,理智的方法也遭到了破坏。在幼儿园里,堆满了有关几何形体、线、面、立方体、颜色等物品供儿童观察。在小学中,在"实物教学"的名义下,教师几乎随时随地选择事物(像苹果、橘子、粉笔等)的形状和性质供学生进行观察;在"自然研究"的名义下,人们几乎也是随心所欲地选择树叶、岩石、昆虫等物体进行观察的。在中学和大学里,学生们在实验室里使用显微镜进行观察,并且积累观察到的事实,获得仪器的操作技巧,以完成教育的目的。

与孤立的观察方法相比较,杰文斯曾经评论说:"只有当科学工作者兴奋地、满怀希望地对某一理论进行验证时",他所进行的观察才是有效的。他又说,"可以观察和实验的事物是有限的,如果我们没有明确的目的,仅仅记录事实,那么这些记录并无任何价值。"严格地说,杰文斯的第一点意见过于狭隘。科学工作者所从事的观察不仅要验证一种观念(或提出某一解释性的意义),而且也要找出问题究竟何在,或甚至要提出某一问题,并以此作为指导,形成一种假说。可是,杰文斯阐述的原则，即科学工作者从来不把积累观察作为目的，而是经常把观察作为取得理智结论的手段，这一原则是绝对正确的。如果教师在教育工作中，对这一原则的影响没有产生足够的认识，那么所谓的观察在大体上将成为乏味呆板的行为，或者是获取某种技能的形式，而没有任何理智的价值。

二、学校中的观察方法和材料

在思维训练中，对于怎样才能把观察摆到正确的位置这一问题，学校中所使用的最好方法，为我们提供了许多启示。

1. 观察方法依靠合理的假设，即观察是一种主动的过程。观察即是探索，是为了发现先前隐藏的、未知的事物，以达到实践的或理论的目的。观察不同于已经为人们所感知的认识。实际上，已知的对某些事物的认识，对于人类展开进一步探索有着重要的意义；但是这些认识比较机械、比较被动，而观察却要求灵活的大脑进行机敏的注视、追求和探察。认识应用于已掌握的事物，而观察却用于探究未知的事物。有一种普遍的看法，认

在未公开的变化中观察应包括探索与悬念

为感觉就像白纸上书写的字，或者就像将影像印刻在脑子里，把印章篆刻在蜡上，或把图形拍摄在照片底版上。（这些意见在教学方法上造成了灾难性的后果）提出这种意见，是由于不能辨别机械认识和生动观察之间的区别。

在活动中显示吸引人的情节

2.如果我们想想人们在追随故事或者戏剧发展脉络时，其注意力是何等专注和密切，就会明白我们应该如何选择适当的观察材料。凡是有"情节兴趣"的场合，观察的机敏性就能达到高潮。这是为什么呢？因为旧的和新的，熟悉的和意料不到的信息是和谐地联结在一起的。讲故事的人能使我们听得入迷，就是因为其中有悬念。它暗示了几种可能性，但仍然不可捉摸。因此，我们就会问，接下来会发生什么？事情的结局又会如何呢？儿童能够注意到故事发展的所有的显著特点，且该观察过程容易且全面，但儿童对某些呆板的和静止的事物进行观察时却费力且不充分，不能提出问题或暗示出几种可供选择的结果，这两种情况大相径庭。

当一个人做某些事情（不是那种事先就知道结果的机械性和习惯性活动）时，也会遇到类似的情况。即便已经感觉到一些事情了，却不能确定。情节的发展或倾向于成功，或倾向于失败，但其时间、方式都无法得到

第十四章 思维训练中的观察和信息

确定。因此，有建设性意义的手工作业就会引起儿童对工作条件及其结果的敏锐而紧张的观察。对那些较少涉及人事的题材，也可以利用这一导向结局的原则。移动的事物引人注目，而当它处于静止状态时却容易被人们忽略，这是一句老生常谈。然而，经常遇到这种情形，好像要尽力地使学校的观察材料失去所有的生命力和戏剧特质，使观察沦为呆板迟钝的形式。当然，单有变化也是不够的。虽然变化、改变或运动能够刺激观察，但是如果仅仅刺激观察，并不能引发思维。变化（就像精心安排的故事或情节中的偶然事件一样）必须发生在层层积淀的故事情节中；每一连续的变化都能使人回想起变化以前的事物本貌，并对以后将要出现的东西产生兴趣。如果能够对观察的变化理智地加以安排，就有助于形成逻辑思维的态度。

<small>并呈循环式增长</small>

对生物、动物和植物的观察，能够最大限度地实现这种双重的要求。哪里有生长哪里就有运动，变化和过程，也就存在着对循环变化进行的排列。前者引起思维，后者组织思维。儿童注视播种和植物生长各个阶段时所表现出来的极大兴趣，都是因为这种事实是在儿童眼前上演的一幕戏剧；某种事实正在上演，且其过程中的每

<small>观察框架并非产生于什么功能</small>

一步骤对于植物的命运来说都是至关重要的。近年来，动植物教学发生了重大的、富有时效性的进展，究其原因，是因为人们将动植物看作是能够活动、能够实施行为的物体，而非具有静止特性的惰性标本，等待人们将其加以编目、命名和登记。如果把它们看成是死的标本，那么观察就不可避免地沦为错误的"分析"，沦为列举细节和编制目录了。

当然，仅仅观察事物静止状态的性质也有作用，而且有重要的作用。然而，若把首要的兴趣放在物体的功能上，即物体能做些什么，那么观察其结构便有了支持更加详尽分析研究的动机了。注意一种活动的兴趣会无意中转移到注意活动怎样进行的兴趣上去；关于动作的兴趣，也会转移到从事这种动作的器官上去。但是，一开始便按照形态学和解剖学的要求，指出各部分的形状、大小、颜色以及分布等特性，便使教材割裂开来，失去了它的重要价值，并成为僵硬呆板的东西。儿童知道了动物的呼吸是肺的相应功能之后，便自然地专心去寻找植物呼吸的气孔。如果他们的学习每时每刻都局限于事物结构的种种细节，而不涉及它们所包含的活动和用途，那么这种学习就令人生厌了。

3.当观察的兴趣并不集中在私人的、影响个人归属的手段上面,且不具备更多审美价值、无法为整体情感效应贡献部分特征时,观察就成为更加有意识的智力活动了。学生学习观察是为了(1)发现他们所面临的疑难问题;(2)对观察到的令人费解的特征加以推测,并提出假设性的解释;(3)验证联想的观念。

总之,观察从本质上成了一种科学活动。也可以说,这种观察要遵循着粗放型和集约型之间的有节奏的变化。吸收广泛而松散的有关事实,以及选取少数事实,并进行精密研究,通过这两者之间的更迭,问题便变得明确起来,有效的解释也浮出水面。广泛而不够精确的观察是必要的,因为它使学生感觉到了他所探究的事物,意识到了事物之间的各种关系和可能性,使他的头脑中收纳了可以使想象转化为暗示的种种材料。细致的研究也是必要的,因为它可以限定问题的性质,以便把握实验的检验条件。后者本身因为过于特殊化和专门化,而不能激发理智的增长,前者本身则因过分肤浅和散漫,而不能控制理智的发展。生物科学、野外研究和游览,都是在自然的环境中认识各种生物,这种方式可以同显微镜下观察和实验室内观察交替进行。在物理科学中,

> 科学观察,应当是粗放的,集约的

对于自然界，广阔环境（包括自然地理学环境）中的光、热、电、水蒸气、重力等现象，应当在实验控制的条件下，从中选择一些事实作为精密研究的准备。这样，学生就可从关于发现与验证专门科学的方法中受益，并且能够识别实验室模式能量同广泛的野外现实，因而避免了所研究的事实仅局限于实验室的错误认识（这种认识经常出现）。

三、知识的传授

<small>小道消息的重要性</small>

任何观察者自身所能掌握的领域毕竟是狭窄的。在我们的信念里，即使是个人直接进行认识所得到的信念，也有很多是无意中加入了我们听到的或读过的别人的观察结果和结论。尽管在我们的学校里，直接观察活动大大增加了，但教材内容的极大部分还是从书籍、讲演、口头交谈等其他资料中得来的。如何从他人传输信息中得到最具逻辑益处的知识比任何一个教育问题都要重要。

<small>逻辑上讲，这种类别只能作为证据或者证言</small>

无疑，教学这个词的主要意义，是同传递、灌输他人的观察和推理结果连在一起的。在教育工作中，过分强调积累知识的理想教学目的，其根源在于不适当地突

出了学习别人知识的重要性。问题的关键在于怎样把这种形式的学习转化为理智的财富。用逻辑学的术语来说，别人经验所提供的材料是证言，即是说，利用别人提供的证据，形成自己的判断，从而获得结果。我们应该怎样对待由课本和教师提供的教材，使之成为反省思维的材料，而不是现成的精神食粮，就好似商店里的商品，随手拈来便要全盘接受吗？

要回答这个问题，我们可以说明：

> 他人进行的交流不应当在观察中被侵占

1. 传授的材料应该是必需的。那就是说，传授的材料应当是个人观察所不易获得的。通过教师或书本，对学生进行填鸭式的教学，内容又几乎不存在更多的难点，只需稍加思索，便可发现问题的所在，这样就破坏了学生理智思维的完整性，变成了思维奴隶。这并不意味着别人传授所提供的材料，就应当是贫乏枯燥而又分量不足的。感知的范围是广阔的，自然世界以及历史也便无限延伸。但是，应当仔细地选择那些实际上可以直接观察的事物方面，并认真地加以保护，不能满足于粗枝大叶和呆板无效的观察，因为这会减弱学生的好奇心。

2. 传授的材料应该是一种刺激，而不是教条死板的定论。如果学生们认为，任何学科都已被明确地审核过了,其知识是详尽的、终极的,那么他们就可能成为被驯服的学生,而不再是真正的学生了。任何思维——只要它是思维——都含有独创性的阶段。这种独创性并不意味着学生自己的结论和别人的结论有所不同,更不是指要得出一个彻底的新奇的结论。学生的独创性同别人大量使用的材料和提出的联想,并不是相容的。所谓独创性,是指学生对于问题有亲身探讨的兴趣,对于别人提供的联想有反复深思的主动精神,并且真心实意地循此前进,推导出经得起考验的结论。"亲自去想"这句话,就字面上看,是同义反复;因为任何思维都是由个人亲自进行的。

应当与个人问题联系在一起

3. 传授知识所提供的材料应当与学生亲身经验中的紧要问题紧密相关。人们曾经说过,观察的弊端源于自身也终于自身,并可在不影响交流学习的情况下得到传递。教学中使用的教材,如果不适合学生自身经验中已经发现的问题,或者其呈现方式已经无法引发问题,那么这种教材对于学生理智发展是有百害而无一利的。这种教材无法深入学生思维的过程,因而是无用的;它们就像大量的废料和碎片一样堆积在脑中,一旦出现问题,它们就成了妨碍有效思维发展的障碍。

换言之,这一原则是指应将传授的教材纳入学生经验的现存系统或组织之中。所有的心理学研究者都熟悉统觉原则,即我们把新材料同先前吸收和保留下来的旧经验融合起来。由教师和书本所提供的教学内容,应当尽可能地以学生直接的亲身经验作为统觉的基础。学校中有这样一种趋势,即把学校中的教材与先前的学校课业联结起来,而不是同学生在学校以外已取得的经验联结起来。教师们说:"你们记得上星期我们从书本中学到的东西吗?"而不是说:"你们不记得曾看过或听过这样那样的事吗?"其结果是,儿童形成了孤立的、独立的学校知识系统,它静止地盖在日常生活经验的上面,而不是扩大和改善这些经验。我们的教导方式使学生生活在两个分离的世界,一个是校外的经验世界,而另一个是校内的书本和课业世界。

先于经验体系

第十五章 复述和思维训练

复述的重要性　　在复述教学中,教师与学生的接触达到了最紧密的程度。复述课程关注引导儿童行为、影响儿童的语言习惯、指导儿童观察活动等种种可能性。因此,我们把复述作为教育手段而讨论它的意义时,只是重温前面三章里研究过的各个要点,而不是提出新的论题。如何进行复述是对教师能力的严峻考验,例如教师判断学生智力现状的能力,为引起学生可用思维反应而提供种种情境的能力等。总之,这是对教师的教育技巧的一个严峻的考验。

复述与思考　　用"复述"一词来指明在一节课的时间内,教师与学生,学生与学生之间最亲密的智力接触这一具有决定意义的事实。"复述"一词的意义是再引证,重复,反复叙说。如果我们把一段时间称作"重复时间",这一名词就会比平常所指的复述间接知识、记忆以及在一定的时间内做出正确回答的"复述"一词更加模糊。基本的事实是：复述是刺激、指导儿童思维的场所和时间，因而，与这样的事实相比，我们在这一章中所说的每一点都不具有重要意义；产生可记忆事实虽然不可缺少，但却只是养成思维态度的一个偶然因素。

一、指导的阶段

教师也做出了一些努力，根据普遍的原则从而形成一种方法来引导学生进行复述。其中一项成果非常重要，对于学生"听课"有着更多、更好的影响；可以说其作用胜过其他成果之和；赫尔巴特对复述的分析分为五个连续的步骤，被称为"正规的指导阶段"。潜在的意思是，不管教学内容在范围和细节上怎么不同，只有一个最佳的方法去掌握它，因为人类大脑都会一贯寻找一种"普遍的方法"，来有效地攻克任何科目的学习。不管是优等生掌握数学的基本原理，还是语言学校学生了解历史，或者大学生掌握哲学，任何情况下，第一步都是准备，第二步是呈现，然后是联系和统合，最后是在实际的新案例中去运用。

准备阶段就是提出问题，提醒学生联想到熟悉的个

> 赫尔巴特教学法分析

| 阐释方法 | 人经历,这在获得新的科目知识时很有帮助。已知的知识为理解未知的事物提供了方法。因此,如果能够唤起学生相关的记忆,那么学习新事物的过程就会变得更加简单。当学生学习河流的概念时,他们首先会对他们所熟悉的小河或小溪提出疑问;如果他们没见过小河和小溪,他们就会联想到排水沟里的水流。"统觉团"被搅动了起来,帮助学生掌握新的题目。准备阶段在提出学习目标后结束。旧的知识变得活跃起来,之后新的知识便"呈现"在学生面前。河流的图片以及立体模型已经展现在学生面前;教师做出生动的口头描述;如果可能,学生还会看到真实的河流。这两个步骤就完成了对实际事物知识的获得。

接下来的两个步骤用来指导获取一般性准则或概念的过程。当地的河流可能会与亚马孙河、圣劳伦斯河或莱茵河做比较;这样一来偶然的、非本质的特点就被去除了,河流的概念也随即形成:涉及河流这个概念的基本要素就被汇聚在了一起并得以形成。这一步完成之后,最终的概念就在大脑中固定下来,并在应用于其他河流的过程中更加明确,如泰晤士河、波河或康涅狄格河。

如果我们把这个指导步骤与我们自身的完整思维过

第十五章 复述和思维训练

程分析进行比较，我们会对它们的相似之处感到惊讶。在我们的陈述中，这些"步骤"（与第六章比较）是指发生的一个问题或者一种令人困惑的现象；然后通过观察、事实调查来发现并澄清问题；再然后形成合理的假设，提出解决方案，并做出推理解释；然后通过指导新的观察和新的实验，来检验推理。每一个过程都可分为（1）具体的事实和事件；（2）想法和推理；（3）将结果应用于具体事实中。整个活动过程就是演绎和推理的过程。令我们惊讶的一处不同是：赫尔巴特方法没有提到一处需要解释的困难、差异，即整个过程中的起因和促进因素。结果导致赫尔巴特方法经常给人这样一种印象，即它将思想仅仅看作是获取信息过程中的一项偶然事件，而不是将后者看作是发展思维过程中的一项偶然事件。

<small>与之前反思性思维分析做比较</small>

在更详细地做出比较之前，我们提出这样一个问题。在任何情况下，复述是不是都应该遵循一系列预先设计好的统一程式？尽管承认这一系列表达了常规的逻辑顺序。为了回答这个问题，我们可以说，正是因为这个顺序具有逻辑性，它表达了一个人在理解了这个主题后做出的调查，而非学习思维的进展过程。前者描述了一个统一的直通的过程，后者则是一系列的附加的、曲

<small>与老师准备有关而不是与复述本身有关的正式步骤</small>

折反复的活动。简言之，这些正规的指导阶段指出了教师在准备复述任务过程中涉及的要点，但没有描述实际的教学过程。

老师的问题　　缺乏教学准备的话，复述只会变得随意、危险。复述要获得成功只能依赖灵感，而灵感又是这么虚无缥缈。简单准备科目内容有助于形成一个严格的秩序，即教师可以检查学生从课本中学到的确切知识。但是，教师的问题，即作为教师，不应仅仅掌握一个科目，而应调整科目以适应培养思维需求。前面提到的几个阶段很好地指出了教师针对教授一个科目的难题应该提出的问题。那学生在接触这个科目时要做哪些准备？哪些经验可以被利用？他们学过的哪些知识可以派上用场？我们应该怎样呈现这一问题以使它经济地、有效地适应学生目前的状况？我应该呈现一幅什么样的画面？我应该将他们的注意力带到什么科目上？我应该联系哪些事例？我应该引导他们做哪些比较，提出什么共同点？用什么一般性原则指导整个讨论的结果？我应该怎样应用，从而帮助学生修正、澄清、并且真正掌握这些原则？学生们的哪些活动能帮助他们了解真正的、有意义的原则？

如果教师系统地考虑了上述问题的话，他就不会教

第十五章 复述和思维训练

不好课程。当教师根据前面提到的五个阶段,更多地从各种角度依据学生对一个主题做出的智力反应考虑问题时,他就能更灵活更自由地指导学生复述,从而集中地呈现主题,避免学生的注意力分散;他认为,为了保持一种智力的秩序,必须依据一个统一的方案,他将准备利用任何重要反应的征兆,无论其来自哪个方位。一个学生或许已经对一个一般性原则有了某些想法(也许这种想法是错误的)。也许一开始便对这一原则加以应用,以证明这个原则是行不通的,然后去寻找更多新的事实并得出新的归纳。或者,突然摆出一些事实或者物体,用以激发学生进行思维,以使任何初步准备工作都显得多余。如果学生们一直在思考,那他们不可能等到老师在完成准备、呈现和比较后才形成自己的假设或归纳。还有,除非在一开始就对熟悉的和不熟悉的事物进行比较,否则准备和呈现都变得没有目的性、没有逻辑目的、孤立且没有意义。学生的想法不可能很宽泛,他们只会专注于一些具体的事物,而呈现通常是激发事物之间各种联系的最好方法。重点在于依据熟悉的、已知的概念掌握新的概念;在于利用新的事实勾勒出问题;在任何情况下,都是通过比较和对比一组命题中的一项来赋予

> 只有步骤的灵活性才会赋予复述以生命力

> 任何一步都可能先行

另一项支持的。简言之,在指导复述的过程中,教师将一个观点转化成几个逻辑阶段时,需要考虑统一、连续的步骤,这就等于将已经理解事物的头脑所拥有的逻辑分析强加于正在努力理解事物的头脑上,从而防碍了学生自己的思维的逻辑。

二、复述中涉及的几个因素

这些步骤反映了学生掌握知识所涉及的纵横交织的因素,它们不是高速路上的里程标志,我们应区别对待。这样就很容易理解赫尔巴特学说,将上述步骤减少至三个步骤:第一,对具体的、特殊的事实的理解;第二,理性归纳;第三,应用和论证。

准备就是感觉到问题之所在

1. 与具体事实相关的过程是准备和呈现。最好的、真正唯一的准备,是引起对那些需要解释的、意外的、费解的、特殊的事物的感知。当真正困惑的感觉控制了任何思想(不论这一感觉是怎样出现的)的时候,这一思想就会处于机警和探究的状态,因为这种刺激是内发的。问题所带来的冲击和痛楚会迫使心智尽其所能地思索探寻,如果没有这种理智的热情,即使是最巧妙的教学方法也不能奏效。是感知到了问题存在，才会迫使思维进行调查、回忆过去，以弄清该问题是什么意思、怎样解决这个问题。

当教师有意识地唤起学生经验中比较熟悉的记忆，并使之发挥作用时，必须预防几种危险。（1）准备阶段不要持续过长，不可过分详尽，否则，就将事与愿违，使学生失去兴趣，感到厌烦，相反，单刀直入反而有利于开展工作。有些认真负责的教师提醒学生，复述的准备阶段和跳远相似。如果距离起跳线太长，跑到了起跳线，就会因过分疲劳反而不能跳得很远。（2）我们依靠习惯来理解新事物，但总是坚持把习惯的倾向变成有意识的观念，反而会妨碍它们发挥最好的作用。某些熟悉的经验中的若干因素，确实要转化为自觉的认识，这正像为了使某些植物茁茁壮成长，就必须将其移植一样。但是若是一直挖掘经验或移植植物，以察看它们适应新环境的能力，无疑也是致命的。过度开发旧经验的结果就是尴尬的自我限制。

准备过程中的陷阱

赫尔巴特派的教育家们认为教师对目标的描述非常重要，它是课堂准备必不可少的一部分。描述课程目的并不见得比铃声响起或其他将学生的思绪拉回课堂的方

课程目的的陈述

法聪明。对于老师来说，目的非常重要，因为他已经到达了终点；而对于学生而言，这一目的本身就自相矛盾。如果教师过分强调教学的结果，认为这比引起学生注意更加有意义，那么学生的反应便很有可能受到制约，学生发现问题的任务就被豁免，其发展思维主动性的能力就会大受阻碍。

<small>老师应该讲述或者展示多少</small>

这里没有必要详尽说明呈现在教学中的重要性，因为主题为观察和交流的最后一章会讨论这个问题。呈现的功能就是要提供能够充分展示问题本质的材料以及相关的解决办法。教授的实际问题在于如何平衡呈现的问题，太少的展示和讲解不足以引起反思，而太多的话则会扼杀思考。只要学生足够投入，老师十分愿意给学生空间去消化和吸收（不要刻板地要求学生掌握并复述所有知识点），那么就不要担心教师过于热情且对某个话题说得过多。

2. 反思性探究独特的理性阶段，正如我们所看到的那样，在于观念阐述、验证假设，通过对比和比较，得出定义和公式。

<small>小学生写出一个合理案例的责任</small>

考虑复述教学时，首要要求是学生要负起责任，在头脑中弄清每项联想原则，以便向人们展示所用原则的

第十五章 复述和思维训练

意义,以及其与手中事实是怎样关联的。除非学生自己能够对自己的猜测做出合理的判断,否则复述教学在推理训练中是没有任何意义的。聪明的老师总会丢弃那些对学生无用的、无意义的训练,转而选择与目标一致的训练。但是这种方法(有时叫作"推理疑问")免除了学生的智力责任,只培养了学生"被老师牵着鼻子走"的能力。

将模糊的或者多少有些随意的想法整理得连贯又明确,其过程若没有停歇、没有分散过注意力,是不太可能的。我们通常说"停下来想一想";所有的反思性思维,在某种意义上,都需要暂停外部观察和思考,这样才能使想法成熟。冥思,从众多的感官冲击和过多行动需求中抽身而出,是论证阶段必要的行为,就如同在其他阶段需要做观察和实验一样。理性思维就如同饮食过程中需要消化吸收一样,是非常有助益的。通过对比、权衡备选建议,安静地、不受打扰地检查问题,对于形成连贯、紧凑的结论是不可或缺的。推理并不是光靠争论、辩解、赞同或否定观点就能完成的;正如消化并不等同于大嚼大咽。老师应该保证学生能有时间去消化知识。

身心放松的必要性

在比较的过程中,老师应避免同时给学生提出众多

典型的中心对象是必需的

难度相当的事实。因为注意力是有选择性的，某一项客体会占据主要的思想，并形成思考的出发点。影响到教学的一个重要之处便是老师将同等重要的客体摆在学生面前。在比较的过程中，思维并不是自然而然地由甲乙丙丁出发，去找出对应的结果。而是由某一点出发，先是模糊而分散的，然后通过与其他方面的联系，使中心点变得清晰明白。仅仅收集可对比的各个方面是成功推理的大敌。每一个可供比较的事实都应该能够让中心客体变得清晰，或能够扩充它的某些属性。

类型的重要性

简言之，应该努力寻找能够集中思考的典型客体：这个典型的材料，尽管独立特别，但实际上已经富有成效地暗示了一系列种类齐全的事实。没有一个心智正常的人能够从一开始就从大处着眼思索恰当的河流概念。他首先想到的是某条河流令人困惑的特点。然后他会研究其他河流，以便弄清这条河流令人疑惑的特征，与此同时，他运用原客体的典型特征，减少同其他河流相关的多种细节并将其排序。这种不断比较既保证了意义的统一性，又防止意义变得单一、狭隘。对比不同点才能将多种重要事实结合起来，形成连贯的整体。这样思维就能避免个体的孤立，也能清除某个原则的狭隘性。单个的事例和特征具有侧重性和明确性;而通用法则能够将其整合成一个独立系统。

因此,归纳并不是一个孤立的、单一的行为;而是在整个讨论和复述中持续的趋势和功用。每得出一个概念想法,都解决了疑惑,做出了解释,将分散的和不解的事物整合起来,并最终做出归纳。小孩子也和成年人一样会进行归纳思维,只不过最终结果未达成同样的一般性总结而已。如果他要研究河流流域的话,他就会根据一系列细节进行归纳,发现诸多细节源于一种单一的力的作用,即河流是在引力的作用下向下流淌,或是历史的不同时期作用的结果。尽管结论来自一条河流,但此等情况下所得的知识却是通用的。

<small>含义中的洞察力影响概括</small>

在总结中涉及的公式因素、有意地陈述,并不是单一的行为,而是具有恒定的功能。定义就是将模糊的概念变得清晰的过程。这种最终的语言定义应该是集聚独特特点的唯一顶点。即使在否定已存在的定义时,也不要走向另一个极端,即忽视总结个例中出现的纯粹意义。只有当总结出现后,思维才算找到了安宁的结果;只有获得结论之后,才能有助于将来的理解。

<small>含义中的洞察力需要构想</small>

3. 正如上面所暗示的那样,运用和总结密不可分。

概括意味着对新生事物适应的能力

将机械技能进一步运用到新的情境,无须明确地理解原理;对于常规的、狭隘的技术事件,有意识地运用公式很可能阻碍工作进展。但是如果没有原理或总结,已获得的技能便很难运用到新的、相似的领域。总结的内在意义在于将概念从局部限制中解放出来;总结就是自由的概念;是由偶然的事例中得到解放的概念,这样得出的概念就能运用到新的情境中去。失败的总结(无法运用到新情境),在于不能自由扩充所谓的原理。一般性原则的精华在于运用。

老化的对灵活的原则

练习应用法则和原则的目的并不只是迫使或者操练学生,让他们仅仅弄明白一个原理或概念的含义。将应用看作独立的最后步骤是很危险的。在每一个判断过程中,某些意义都会得到应用,成为评估和解释某项事实的基础;通过应用,该概念就得到了扩充与检验。一般性原则意义通常认为是完整的,而应用则是外在的,非智力上的,仅对实际目的起作用,所以建议使用该意义。原理是独立自主的;它的使用又是另一件独立自主的事了。当两者相脱离的时候,原理就会变得僵化和死板;失去了内在的活力及自我推动的力量。

一个正确的概念是一个流动的思想,它会寻求出口或者解释具体事件或者指导行动等应用,就如同水流沿着山坡顺流而下一般自然。精确地说,如同反思需要观察具体事实、行为才能启动一样,概念也需要事实和行为得以完善。"闪闪发光的一般性原理"是无效的,因为它们是虚假的。应用是真正的反思性探究的内在部分,就像敏锐的观察和推理一样。真正的一般性原则会得到应用。教师要做的就是提供运用和练习原理的条件;而随意性的虚假的任务是不能保证原理的正确运用的。

> 自应用是名副其实原则的一个标志

第十六章　一般性结论

某些思维因素应该是相互平衡的，但却常常趋于互相分离和对抗的状态，而不是相互协作，形成富有成效的反省的探究。我们在此提出几个思维的因素，综合地审视我们是怎样思维的，以及我们应当怎样思维，作为本书的总结。

一、无意识和有意识

理解作为无意识的假定

"理解"这一名词的一项重要含义便是如假设一般，非常透彻地掌握了某一事物，并且完全同意这一含义；这就是说，已被理解的事物是当然如此的，无须再做明确的说明。我们平常所熟悉的"不言而喻"这句话，其意思就是"某事已经被理解了"。如果两个人能够相互理解地进行谈话，那是因为他们有着共同的经验，而正是这一共同的经验提供了他们之间相互理解的背景。探讨

第十六章 一般性结论

和阐明这种共同的背景是愚笨的；因为这种背景是"已经理解了的"；也就是说，这种背景悄悄地提供并暗示了理所当然的理智交流的媒介。

然而，如果两个人发现他们之间相互误解了，就有必要以各自的意见为基础，去查找和对比各自的前提、隐含的背景。这样，隐含的前提就得到明确；无意识的假定也变成有意识的了。用这种方法，就消除了误解的根源。所有富有成效的想法，都包含着有意和无意的思维。一个不断训练自身思维的人，会认为一些思维系统理所当然（因此他对"无意识的事物"不做任何表述），并确信和他人交流时坚持了这些理念。某些情形、某些条件和控制目的完全地支配了他的明确思路，以至于不需要进行有意识的构造和阐述。明确的思路仅在有暗示或能理解的内容范围内奏效。但是，在某些情形下，反思性思维源于问题使得人们有必要对相似的背景进行有意识的检查核实。我们必须进行部分无意识的假设，并使之更加明确。

<small>询问作为有意识的构想</small>

对于怎样才能使两个阶段的心智生活达到适当的平衡和有节奏的变化，我们无法拟定出任何规则来。同样，对于某些无意识的态度和习惯，它们的自发工作机制到

<small>不能通过获得平衡来赋予规则</small>

了何种程度才应被予以检查,是没有任何规则可循的,直到其隐含的意义变得明确起来方可。至于分析性检查和规划应该做到什么深度,也没有人详细地做出过回答。我们可以说,他们必须进行足够的检测和防范,即足以使个人知道该如何指导自己的思维;但是,在特定的场合下,这又该达到怎样的程度呢?我们可以说,必须进行到足以发觉和预防一些错误的感知和推理,并获得研究的方法才行;但是,这种表述仅仅是重申了原先的困难而已。因为在特殊的事件中,我们所依靠的是个人的倾向和机智,检验教育的成功与否,最为重要的是看这种教育是否培养出一种思维形式,使其能够在无意识思维和有意识思维之间保持平衡。

要避免过度分析　　我们前面批评了错误"分析"教学方法,它的错误就是因为放弃了无意识的态度和有效的假定,而追求直接明确的注意和阐述,以求取得较好的效果。单纯为了使之变得有意识、为了做出规划,而让眼睛紧紧盯住熟知的、一般的、无意识的事物,这既是一种不恰当的干涉,也是引发厌倦情绪的源泉。被迫去有意识地详细阐述习惯了的事物,是无聊的本源。追求具有这种趋势的教学方法等同于故

第十六章 一般性结论

意减弱学生的好奇心。

另一方面,是指我们前面批评过的、单纯的机械的技能。我们曾经说过的拥有真正问题,提出新异的事物,获得大量的一般性意义,其重要性落在了天平的另一边。眼睛紧紧盯住那些顺利有效的事,而不去有意识地注意错误或反复失败的根源,对于优秀的思维来说,也是致命的。过分地简单,以及为了追求速成技能而摒弃新奇内容,为了防止错误而故意回避障碍,这对于学生规划所有熟悉事物,阐述获得结果的每一步骤,都会产生危害。遇到困难的问题,就需要进行分析性的检查。每当解决了一个难题,就应当把有关这一问题的知识积存起来,使之成为解决更深一层问题的有效资源。因此,有意识的总结和组织是绝对必要的。在学习某一学科的早期阶段,大量自发的、无意识的心理活动,即使这些活动存在着随机试验的危险,也还是允许的;但到了学习的后一阶段,就应当鼓励有意识的规划和复习。早期阶段应该时刻进行推测和反省以及回顾检查,这一过程可以交替进行。无意识为我们提供了自发性行为和新鲜的兴趣,而有意识则为我们提供了理念和掌握思维的能力。

> 对错误的察觉和对真理的紧握,需要有意识的陈述

二、过程和结果

再次玩耍和工作　　在心智活动中，过程和结果也同样具有平衡的特征。在考虑游戏与工作的关系时，我们就可以发现调节这一平衡的一个重要阶段。在游戏中，兴趣集中于活动之上，与活动的结果并无多大的关联。行为、印象、情绪的后果都只是满足于自身。而在工作中，却由结果把持着人的注意力并控制着给予手段的注意。二者只是兴趣的方向有所不同，强调的重点有所差异，它们并不是根本分裂开来的。如果把活动或结果中比较突出的方面，有意识地彼此孤立起来，游戏就会退化为玩闹，工作也就变成苦役了。

游戏不等同于玩闹　　所谓"玩闹"，我们将其理解成为依靠一时的怪想和偶发事件来发泄过剩精力的、一系列毫不相关的即时活动。如果把所有与结果有关的认识都从连续的观念和行为中排除掉，这一连续的观念和行为中的某一组成部分便会与其他部分割裂开来，变成幻想的、任意的、无目的的观念和行为，那么随后就只剩下玩闹了。儿童和动物都有根深蒂固的顽皮好闹的倾向；这一倾向也并不完全是不好的，因为它有减少落入俗套的作用。但是，

第十六章 一般性结论

过度地沉溺于玩闹之中，便会招致精力的浪费和溃散。而唯一可以防止这种结果的方法是使最自由的游戏都有所结果。

然而，如果唯一的兴趣仅限于结果，那么工作就变成苦役了。所谓苦役，是只对结果产生兴趣的那些活动，而对这些活动取得结果的过程并没有兴趣。每当一项工作变成苦役时，做事的人就对工作过程的价值失去了兴趣，而只关心行为的结果。工作本身需要付出能量，这件事令人生厌；但是这又是必要的，因为没有它，人们就会错过一些重要的结果。众所周知，世界上有许多必须去做的工作，而做工作本身并不有趣。然而，有一种观点认为，儿童应当去干一些苦差事，从而养成忠于无聊职责的能力，这种观点是完全错误的。强制儿童去做无聊的工作，结果只能产生对职责的厌恶、躲避和推诿，而绝非对职责的忠诚和热爱。要使儿童愿意为达到结果而承受过程无聊的事，最好的方法是让他理解工作结果的价值，使对价值的意识转移到工作的过程之中来。工作本身并不能带给人们兴趣，而是借用了结果的兴趣，把工作过程与结果联系起来。

工作和游戏的分离，结果和过程的分离，造成了对

<small>不可以做苦差事</small>

> 要平衡玩耍和严肃这种智力上的想法

学生智力的伤害。有谚语为证:"只工作,不玩耍,聪明孩子也变傻。"相反,如果儿童仅做游戏而不学习,事实将充分表明,玩闹将接近愚蠢。既爱游戏,同时又可以做到严肃认真,这正是理想的心智状态。当心智自由地认知一个主题时,理智的好奇心和灵活性表现了出来,教条主义和偏见得到了排除。这种自由的认知,并不是鼓励把某一问题当作玩耍取乐的手段,保持展开主题本身的兴趣,避免其屈从于先入为主的信念或者习惯性的目的。理智的游戏是开明的,它相信思维的力量,保持思维的完整性,不受外部的诱惑或专横的限制。因此,智力的自由认知就包含严肃性,它热切的追求问题的发展。它与粗心或轻率是不相容的,因为它要求精确地说明取得的结果,使每一结论都能够在未来得到进一步应用。所谓"对真理本身的兴趣",当然是一件严肃的事情,然而,这种对纯粹真理的兴趣恰好与思想的自由认知不谋而合。

> 心灵的自由嬉戏,在童年是很正常的

尽管有许多相反的表面迹象(通常因为社会条件,或者是财富过剩,导致了人们闲散地玩耍,或者是过度的经济压力,强使人们去干苦差事),但是,在正常情况下,在儿童时期,把自由的认知和认真的思考结合起来

第十六章 一般性结论

的理想是可以实现的。关于儿童生活的许多成功的描绘，既显示出了他们对于未来的无忧无虑，也明显地表现出了他们专心致志的沉思。生活在当下，同提炼现在生活中的深远意义并不矛盾。这种满足于当下生活本身的态度正是儿童时期遗留下来的遗产，也最好地保障了他们将来的成长。迫使儿童过早地关心遥远的经济成果，在某一特殊的方面，虽可以惊人地磨炼他们的才智，但是这种过早的专门化却要付出代价，即儿童成人后，会变得冷漠无情、无聊乏味。

艺术起源于游戏，这是老生常谈了。不论这句话从历史上看是否正确，它指出了理智游戏和严肃态度的和谐，从而描述了艺术的理想。艺术家如果过多地专心于方法和材料上，他虽可以获得精妙的技巧，但却没有得到优秀的艺术精神。相反，如果生动的意念超过了已经掌握的方法，但是由于艺术表现的技巧过于贫乏，因而不能彻底地表现艺术的感觉。当思维的目的非常适当，就会转化成手段，使手段体现适当的目的，或者通过对目的的认识，激发了为此目的服务的手段，这样，我们才会拥有艺术家的典型态度。这种态度在我们的一切活动中都可以表现出来，即使不

艺术家的态度

是传统特指的"艺术"。

教学是一种艺术，而真正的教师就是艺术家，这也是一句老生常谈。教师是否有权加入艺术家的行列，要看他是否能够培养出同样具有艺术家态度的青年或儿童。有些教师能够成功激发热情、交流思想、唤起活力。达到这种程度，当然是好的。但是最后的检验还要看这一宏伟目标的激励能否转化为有效的力量；也就是说，他能否使学生注意事物的详情细节，以保证能够掌握实施的手段。如果不能，学生的热情就会减少，兴趣就会消失，而理想也只能成为糊涂的记忆了。另一些教师，能够成功地训练学生变得灵巧，掌握技能并精通与课程有关的技术。到了这种程度，当然也是好的。但是，如果不能扩大理智的视野，提高价值的辨别能力，以及增强对观念和原则的感受，这种训练即使能够获得某些技能，也往往会与目的相去甚远。而且，随着情境的不同，这种技能也仅仅表现为合于私利的灵巧，俯首帖耳地接受别人的指派，或者在陈规旧俗中，干着令人不可想象的苦差事。既要提出激动人心的目的，又能训练实施的手段，并使两者和谐一致，这既是教师的难题，又是给教师的回报。

> 老师教学的艺术以养成这种态度而告终

三、远和近

有些教师常常听说，要避免使用那些和儿童经验毫不相干的教材，但是他们常会惊奇地发现，学生们对于他们知识范围以外的事情感到兴趣盎然，而对于很熟悉的教材反而感到索然无味。在地理学科上，儿童似乎对周围环境的魅力毫无异常反应。但是，他们对于山或海却津津乐道。教师常常费尽心力地试图从学生的作文中截取熟悉事物的片段，但是他们却一无所获；有时候，教师却发现学生渴望去描写那些玄虚的、充满想象的题目。一个受过教育的妇女记录了她当工厂工人的经历；她试图在上班时间，把《小妇人》的故事讲给女工们听。女工们毫无兴趣，并且说："那些女孩子的经历还没有我们的经历有趣呢！"她们想听的是有关大富翁和社会名流的故事。一个关心日常劳动心理问题的人，曾经问过苏格兰棉厂里的一名女工，她们整天在想些什么。她回答说，只要机器一开动，她的心便静下来，便想要同一位公爵结婚，他们的财产数不胜数，她这一整天都不会再想别的。

当然，我们讲这些偶然的事例，并不是为了鼓励

> 对熟悉的内容不感兴趣

> 从那以后只有少数需要关注

人们去采用那些耸人听闻的、离奇的或令人费解的教学方法。我们讲述这些事例,只是为了强调这样一点:熟悉的事物和邻近的环境本身并不能引起思维或使思维做出反应,而只有当我们对它们做出调整,使之帮助我们理解陌生的和相距较远的事物时,它们才是有用处的。心理学常识告诉我们,旧的或者我们完全熟悉了的事物,并不能引起我们的注意。这是有着充分的道理的,因为新环境不断地要求人们去适应,而过多地注意旧事物会浪费精力,而且是很危险的。我们的思维必须留下来应付新的、不确定的和疑难的问题。因此,如果使学生的思维仅限于他们业已熟悉的教材上,便会压制他们的思维发展,分散他们的精力。我们不必去注意旧的、近的、习惯了的事物,而是要利用它们去注意别的事物;它们不会提供问题材料,而只会提供解决问题的方法。

> 反过来,只有通过旧事物才能被给予关注

前面谈到的内容,引出了反思性思维中新与旧,远与近的平衡问题。比较远的事物为我们提供刺激和动机;而比较近的事物为我们供给方法和可以利用的材料。这一原则也可以变换一种说法:只有当困难的事物和容易的事物以适当的比例混合呈现时,最佳的思维才会出现。

第十六章 一般性结论

容易的事物和熟悉的事物，就像奇怪的事物和困难的事物一样，是一对等价物。太容易了，会颠覆探究的基础；而太困难了，会使探究变得毫无希望。

近和远的相互作用是必要的，是直接从思维的本质中产生的。只要存在思维，那么当前存在的事物就会暗示或象征尚未出现的事物。同样，熟悉的、旧的事物必须在新的情境中提示出来，才能推动思维前进；才能找出缺失的事物增进当前的理解。如果所提供的材料全是新奇的事物，那么就失去了可以用来理解任何事物的基础。例如，一个人开始学习分数的时候，如果不向他指出分数与他已经掌握了的整数之间的关系，他就会感到十分困惑。而等他彻底地熟悉了分数的时候，他对分数的感知便成为某些行为的单纯符号了；它们是"替代符号"，他可以不假思索就马上对这些符号做出反应。不过，如果某个情境中全部是新异的和不确定的事物，则全部的反应就不再是机械的，因为这种机械操作只能用来解决问题。下面这一螺旋上升过程将循环往复、永无止境：新教材通过思维活动变成了熟悉的知识储备以后，就成了一种资源，被学生用来判断和融化更新的教材内容。

给予的和建议的

> 观察提供了邻近的事物，而想象提供了遥远的事物

在每一个心智活动里，既需要想象又需要观察，这说明了上述原则的另一个方面。一些教师试图采用传统的"实物教学"形式，可是他们通常会发现，当课程内容全新的时候，学生往往会被吸引，此时新的课程内容变成了分散学生注意力的乐事；但是一旦新课程变成了真正的课本内容，它们就变得单调乏味，学生就像学习符号那样机械地学习这些新课程了。想象不能仅仅拘泥于实物，而应使之丰富起来。教学中，"从事实到事实"就会使学生成为一种追求狭隘的平庸之辈，这不是因为事实本身具有局限性，而是因为人们把事实分成了一成不变的、预先准备好的若干条目，这样，想象的余地就没有了。摆出事实是为了刺激想象，文化也随即显现。反之亦然。富于想象也并不一定是空幻的，即是说，不一定是不真实的。想象所特有的作用，在于看到在现有的感官知觉条件下不能显示出来的现实。想象的目标是对于遥远的、模糊的和难解的事物，具有明晰的洞察力。历史、文学、地理、自然科学，甚至几何学和算术，都有大量材料，要想完全理解，必须依靠想象。想象补充并加深了观察；只有当它沦为幻想时，它才代替了观察，从而失去其逻辑的力量。

第十六章 一般性结论

最后一则关于远近平衡的事例在以下关系中被发现：即个人通过与其他人和事接触而获得的狭隘经验，以及个人通过沟通交流从整个人类种族中继承的广泛经验。教育经常会冒这样的风险，即用大量的交流资料埋没学生个人的重要经验，即使这样的经验十分狭隘。真正的教师能够传播知识，激励学生通过感官知觉和肌肉活动的狭窄门户，进入更完满、更有意义的人生；而单纯的教书匠却止步不前、无所作为。真正的交流包含着情绪和态度的交流；如果交流不能在儿童和他的种族之间产生一致的思想和目的，那么就不能将它妄自称为交流。

> 通过与他人交流的经验